고구려 이야기

민 영 지음

창비

차   례

활 잘 쏘는 소년 주몽 ················· 7
아비 없는 아이 유리 ················· 13
남쪽으로 떠난 왕자들 ················ 19
꾀꼬리는 오락가락 ·················· 22
활 때문에 죽은 태자 ················ 24
왕자 무휼의 용기 ··················· 28
대무신왕의 부여 정벌 ··············· 31
좌보 을두지의 지혜 ················· 37
호동왕자와 낙랑공주 ················ 40
폭군 모본왕의 죽음 ················· 45
왕위를 물려준 대조대왕 ············· 49
충신을 죽인 차대왕 ················· 56
인자한 왕과 용기 있는 재상 ········· 61
고국천왕과 을파소 ·················· 67
두 임금의 아내가 된 우씨 ··········· 71
술통 마을의 소녀 ··················· 78

섶들에 묻힌 동천왕 ································· *83*
충의의 용사 밀우와 유유 ························ *86*
머리카락이 긴 관나부인 ························· *93*
결단력이 뛰어난 서천왕 ························· *97*
포악한 왕을 갈아치운 창조리 ················ *99*
왕이 된 소금 장수 ································· *104*
화살을 맞고 전사한 고국원왕 ················ *111*
불교를 받아들인 계몽 군주 ···················· *118*
독실한 불교 신자 고국양왕 ···················· *120*
고구려의 영웅 광개토대왕 ····················· *123*
탁월한 외교가 장수왕 ···························· *134*
바둑의 명수 도림 ·································· *139*
문자왕 이후 평원왕까지 ························· *144*
바보 온달과 공주 ·································· *146*
안장왕의 사랑놀이 ································ *156*
수나라와 겨룬 영양왕 ···························· *162*

호국의 명장 을지문덕 ················· *169*
신라의 염탐꾼 거칠부 ················· *179*
영류왕과 연개소문 ··················· *185*
연개소문의 독재와 요동성 싸움 ·········· *194*
안시성 싸움의 용장 양만춘 ············· *200*
나라를 망하게 한 형제 싸움 ············ *208*
□ 쓰고 나서   영웅들의 발자취를 더듬어 ······ *214*
□ 참고한 책들 ······················ *219*
□ 고구려 왕계표 ···················· *220*
□ 삼국 비교 요람 ···················· *221*

고구려의 전성기
(기원 400년경)

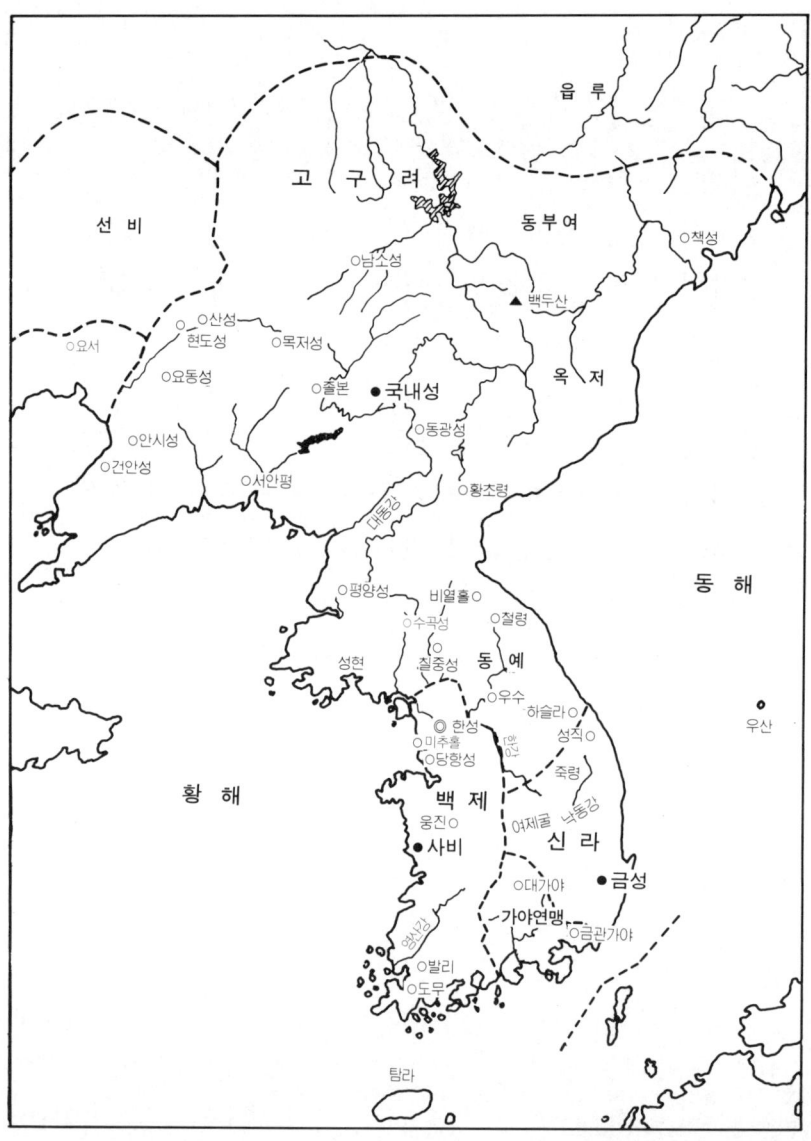

활 잘 쏘는 소년 주몽

부여 왕 해부루에겐 늙도록 아들이 없었습니다. 아들을 낳으려고 이름난 산과 내에 치성을 드리며 곤연*이란 곳에 이르렀을 때, 그가 탄 말이 물속에 있는 큰 돌을 발견하고 울었습니다.

왕이 이상히 여겨 그 돌을 뒤집어 보니 금빛 찬란한 두꺼비같이 생긴 아이가 나타났습니다. 왕은 기뻐하며,

"아, 이 아이는 하늘이 나에게 주신 선물인가 보다!"

하고 데려다 길렀습니다.

아이의 모양에 따라 이름을 '금와(金蛙)'라고 지었습니다. 금빛 두꺼비(또는 개구리)란 뜻입니다. 아이가 자라자 왕은 금와를 태자로 삼았습니다.

그 아이가 바로 해부루왕의 뒤를 이은 금와왕입니다.

하루는 금와왕이 태백산(백두산) 남쪽에 있는 우발수 가를 지나다가 한 여인을 만났습니다.

"당신은 누구요?"

금와왕이 그 아름다운 여인에게 물었습니다. 왕의 물음에 그 여인은 "저는 하백*의 딸 유화입니다." 하고 대답했습니다. 금와왕이 그 여자에 대한 것을 좀더 자세히 알고 싶어하자 이렇게 대답했습니다.

"어느 화창한 날 저는 동생들과 함께 나들이를 떠났어요. 그때 생김새가 늠름한 남자를 만났는데, 천제의 아들 해모수라고 했어요. 해모수는 저를 압록강 기슭에 있는 한 오두막집으로 데려갔고, 우리는 거기서 사랑하게 되었답니다. 그 후 해모수는 제 곁을 떠났는데 아직도 돌아오지 않고 있어요. 부모님은 제가 허락도 없이 외간 남자와 사귀었다고 꾸중하셨으며, 그 후부터 저는 집을 나와 이 우발수 가에서 지내고 있답니다."

유화의 고백을 듣자 금와왕은 이상한 생각이 들었습니다. 그래서 유화를 데리고 대궐로 돌아와 으슥한 방에 가두었더니, 이상하게도 그 방으로 햇빛이 들어와 유화가 몸을 움직일 때마다 따라다녔습니다.

그러자 유화의 몸에 태기가 있어 큰 알을 낳았습니다. 금와왕이 언짢게 여겨 내다 버렸더니 짐승들도 먹지 않고 피해 다녔고, 새도 날아와서 날개로 알을 품어 주었습니다.

왕은 할 수 없이 그 알을 유화에게 되돌려주었습니다. 유화가 알을 수건으로 싸서 따뜻한 아랫목에 두자 한 사내아이가 껍데기를 깨고 태어났습니다.

아이의 모습이 영특하고 손재주가 있어서 나이 일곱이 되자 벌써 제 손으로 활을 만들어 가지고 놀았습니다. 활 쏘는 솜씨도 놀라워 백발 백중, 그래서 아이의 이름을 주몽이라 지었습니다.

주몽은 동부여의 말로 '활 잘 쏘는 사람'이란 뜻입니다.

금와왕에겐 아들 일곱이 있었는데 그 재주가 하나같이 주몽만 못했습니다. 그래서 맏아들 대소가 금와왕에게 고자질을 했습니다.

"주몽은 본디 사람의 아이가 아닙니다. 그러기에 솜씨가 뛰어납니다. 오래 살려 두면 후환이 있을 거예요. 일찌감치 없애 버리심이 좋을까 합니다."

그러나 왕은 대소의 말을 듣지 않았습니다. 주몽에게 말 기르는 일을 맡겨서 목장으로 쫓아 보냈습니다.

주몽은 말의 성질을 잘 살펴서 씨 좋은 말에게는 먹이를 적게 주어 여위게 하고, 노둔(어리석고 둔함)한 말은 잘 먹여서 살이 찌게 했습니다. 왕은 늘 살찐 말은 골라서 자기가 타고, 여윈 말은 주몽에게 주었습니다.

어느 날 금와왕과 신하들이 사냥을 나갔습니다. 주몽은 활을 잘 쏘기 때문에 화살을 적게 주어도 짐승을 많이 잡았습니다.

왕자와 신하들이 주몽을 몰래 잡아죽이려고 모의를 했

습니다. 주몽의 어머니 유화가 이것을 눈치채고 아들에게 말했습니다.

"사람들이 모두 너를 해치려고 한다. 네 재주와 지략이라면 어디 간들 성공하지 못하겠느냐. 머뭇거리지 말고 도망치거라. 가서 큰일을 이루거라."

이리하여 주몽은 오이, 마리, 협부 등 세 부하를 데리고 부여에서 도망쳐 나왔습니다.

일행이 엄호수* 가에 이르러 강을 건너려고 했으나 다리가 없었습니다. 주몽이 뒤쫓아오는 자들을 염려하여 강물을 향해서 말했습니다.

"나는 천제의 아들이자 하백의 외손이오. 도망다니는 중인데 다리가 없어서 건너질 못하니 어쩌면 좋겠소?"

그러자 물속에서 물고기와 자라들이 떠올라 강물에 다리를 놓아 주었습니다.

일행이 강을 건너 모둔 골짜기에 이르렀을 때 주몽 앞에 이상한 옷차림을 한 세 현인이 나타났습니다. 한 사람은 삼베옷을 입고, 한 사람은 장삼을 입고, 나머지 한 사람은 물풀로 만든 옷을 입고 있었습니다.

"그대들은 누구이며 이름이 무엇이오?"

주몽이 묻자 삼베옷 입은 사람이 대답했습니다.

"제 이름은 재사이고, 장삼 입은 사람은 무골, 물풀옷을 입은 사람은 묵거라 하옵니다. 천제의 아들께서 장차 큰일을 하신다기에 도와 드리려고 왔습니다."

그리하여 주몽은 재사에게는 극씨란 성을, 무골에겐 중실씨, 묵거에겐 소실씨란 성을 내리고 이렇게 말했습니다.

"내가 지금 하늘의 명을 받아서 나라를 세우려고 하는데 마침 세 분의 현인을 만났소. 어찌 하늘의 도우심이 아니겠소!"

드디어 주몽 일행은 졸본천*에 이르렀습니다. 주위의 땅들이 기름지고 아름다웠으며, 산이 높고 물이 깊어 외적을 막아내기에 알맞았습니다.

주몽은 그곳에 도읍을 정하고 대궐을 지으려고 했습니다. 그러나 미처 대궐을 지을 겨를이 없어서 비류수* 언저리에 초막을 짓고 살면서 나라 이름을 고구려라 했습니다.

이때 주몽의 나이 22세, 신라의 시조 박혁거세가 왕위에 오른 지 21년째 되는 해였습니다.

나라를 세우고 왕이 된 주몽은 성을 고씨*로 정했으며, 주변의 말갈, 비류 등 여러 부족 국가들과 싸워 이겨서 점점 영토를 넓혔습니다.

---

*곤연(鯤淵) : 부여의 옛 터전인 중국 흑룡강성에 있는 호수. 경박호(鏡泊湖)라고도 부름. 해발 350미터의 높은 곳에 있다고 함.

*하백(河伯) : 원뜻은 강물의 신이지만 "동사강목"에 의하면 부족 국가의 우두머리(왕)라고 함.
*엄호수(淹㴲水) : 일명 개사수. 압록강 상류에 있었다는 강 이름.
*졸본천(卒本川) : 졸본은 고구려 최초의 서울 솔골(松讓)의 또 다른 이름으로 지금의 환인(桓仁)으로 추정됨. 졸본천은 환인을 감싸고 흐르는 혼강(渾江).
*비류수(沸流水) : 고구려의 첫 도읍인 솔골 근처를 흐르던 강 이름. 지금의 부이강(富尔江)으로 추정됨.
*고씨(高氏) : 주몽의 성은 본래 '해(解)'씨이나 자기가 천제(天帝)의 아들로 태어났다 하여 높을 '고(高)'자로 성을 삼았다.

아비 없는 아이 유리

 마을 한가운데로 머리에 물동이를 인 여자가 지나가고 있었습니다. 그때 어디선가 돌이 날아왔습니다.
 "쩔그렁!"
 물동이가 깨져서 물이 흘러내렸습니다. 여자는 고개를 돌려 누가 이런 짓궂은 장난을 했을까 하고 살펴보았습니다.
 유리라는 아이였습니다. 이제 겨우 여덟 살밖에 되지 않은 개구쟁이 소년.
 "이 아비 없는 자식아! 무슨 짓을 하는 거냐?"
 여자는 마구 욕을 퍼부었습니다.
 유리는 부끄러웠습니다. 날아가는 새를 겨냥하다가 돌이 빗나가 물동이를 깼지만 '아비 없는 자식'이란 욕을 먹고 보니 분해서 견딜 수가 없었습니다.
 집으로 달려간 유리는 울면서 어머니에게 물었습니다.
 "어머니, 제 아버님은 누구예요? 그리고 지금 어디

계세요?"

어머니는 잠시 망설였으나, 이윽고 유리의 머리를 쓰다듬으며 말했습니다.

"유리야, 너는 아비 없는 자식이 아니란다. 너의 아버지는 보통 사람이 아니어서 나라에 용납되지 못하고 지금은 남쪽으로 가서 왕이 되셨단다."

"그 나라가 어디에 있어요?"

"그 나라는 엄호수 가 솔골이란 곳에 있는데, 나라 이름을 고구려라 한단다."

"어머니, 저는 아버님을 찾아가겠습니다."

"안 돼, 지금은. 너의 아버지는 떠날 때 이런 말씀을 하셨다. 아들을 낳거든 당신이 이곳을 떠날 때 감춰 둔 유물을 찾아서 가지고 와야 한다고……"

"그게 뭔데요?"

유리소년은 침을 꿀꺽 삼키며 어머니의 얼굴을 쳐다보았습니다.

"일곱 모가 난 돌 위에 소나무 아래 그 유물이 있다. 그것을 찾아내어 나를 찾아오되, 만약에 찾지 못하면 내 아들이 아니다 — 이렇게 말씀하셨단다."

유리는 그날부터 온 산을 헤매고 다녔습니다. '일곱 모가 난 돌 위에 소나무 아래'라는 말을 입 속으로 중얼거리면서.

그러나 아무리 산에 있는 돌과 바위를 살펴보아도 일

아비 없는 아이 유리

곱 모가 난 돌은 없었습니다. 찾다찾다 지쳐 버린 유리소년은 매일 저녁 녹초가 되어 돌아왔습니다.
"찾아야 해! 반드시 찾아낼 거야!"
유리는 입술을 깨물고 중얼거렸지만 찾기는커녕 매번 헛걸음질만 쳤습니다. 발바닥이 맷방석처럼 갈라지고 어린 손이 갈퀴처럼 되었습니다.
―― 일곱 모가 난 돌 위에 소나무 아래……
아버지를 만나려면 이 수수께끼를 풀어야 합니다. 그러나 한 달이 지나고 두 달이 지났지만 유리소년은 아버지가 말한 그 수수께끼를 풀지 못했습니다.
그러던 어느 날 유리는 아버지 생각을 하며 마루에 앉아 멍하니 마당을 내다보고 있었습니다. 바로 그때 지붕을 떠받친 기둥돌 밑에서 무슨 소리가 난 것 같았습니다.
'이상하다?……'
유리소년은 기둥 옆으로 가서 자세히 살펴보았습니다. 기둥은 소나무로 되어 있고, 그 밑에 일곱 모가 진 주춧돌이 받쳐져 있는 게 아니겠어요.
"그렇다! 바로 이거다!"
유리는 소리쳤습니다. 마루에서 내려와 주춧돌 밑을 파보았습니다. 과연 두 토막으로 부러진 칼이 나왔습니다. 비록 파랗게 녹이 슬었지만 아버지의 유품임에 틀림없었습니다.

아비 없는 아이 유리   17

 드디어 유리소년은 그 유품을 가지고 아버지를 찾아 고구려로 떠났습니다. 집에서 일하는 일꾼 세 사람도 함께 떠났습니다.

 "궐 밖에 웬 소년이 찾아왔습니다, 마마."
 신하가 왕에게 아뢰었습니다. 주몽왕(동명성왕)은 그 소년을 불러들였습니다. 얼굴이 까맣게 탔지만 두 눈이 초롱같이 빛나는 소년.
 유리는 고개를 숙이고 왕 앞에 부러진 칼을 내놓았습니다. 왕도 가지고 있던 칼을 꺼내어 그것과 맞춰 보았습니다.
 꼭 맞았습니다! 두 토막의 칼이 완전한 한 자루의 칼이 되었습니다.
 "네가 유리냐?……"
 주몽왕이 떨리는 목소리로 물었습니다.
 "예, 아버님!"
 아버지와 아들은 와락 끌어안았습니다. 왕이 옆에서 지켜보던 여러 신하들을 향해서 말했습니다.
 "이 소년이 과인의 아들 유리왕자로다. 장차 이 나라의 왕이 될 사람이야!"
 모든 사람의 얼굴에 기쁨이 넘쳤습니다. 얼마 후에 유리왕자의 어머니 예씨도 동부여에서 고구려로 왔습니다.
 고구려를 세운 지 19년 만에 주몽왕이 세상을 떠나자

유리왕자가 대를 이어 왕위에 올랐습니다. 그가 바로 어렸을 때 '아비 없는 자식'이란 욕을 먹고 자란 개구쟁이 소년 유리명왕입니다.

남쪽으로 떠난 왕자들

 동명성왕에겐 유리왕자말고도 아들 둘이 더 있었습니다. 둘 다 솔골에 와서 낳은 아들로 형을 비류, 아우를 온조라고 했습니다.
 두 왕자는 동부여에서 유리가 와 부왕의 뒤를 이었기 때문에 입장이 매우 난처해졌습니다.
 온조가 비류에게 말했습니다.
 "형님, 우리는 남쪽으로 가십시다. 남쪽에는 우리가 가서 나라를 세울 만한 땅이 얼마든지 있을 거예요."
 "그게 좋겠군."
 비류왕자도 고개를 끄덕였습니다.
 "좁은 땅에서 형제들끼리 다툴 필요는 없겠지. 우리는 우리대로 새 땅을 찾아가서 새로운 나라를 세우기로 하세."
 두 왕자가 남쪽으로 떠날 준비를 하자 전부터 따르던 열 명의 신하도 함께 나섰습니다. 두 왕자는 그들을 거느리고 압록강, 대동강, 임진강을 건너 한산(북한산)까지 왔습니다.

부아악*이란 높은 산 위에 올라가 사방을 휘둘러보았습니다. 아리수(한강) 남쪽으로 기름진 땅이 보이고 멀리 서쪽에는 바다가 보였습니다.

온조왕자가 아리수 남쪽의 땅을 손으로 가리키며 말했습니다.

"저곳이 좋겠군요, 형님. 북쪽에는 강이 흐르고 동쪽에는 높은 산이 둘렸으며, 남쪽에는 비옥한 평야, 서쪽에는 바다—— 참 좋은 장소가 아닙니까? 저곳에 도읍을 정하십시다."

그러나 비류왕자의 생각은 달랐습니다. 오랫동안 산으로 둘러싸인 내륙에서 살아온 그는 앞이 트인 바닷가가 좋아 보였던 모양입니다.

"아냐, 나는 저 서쪽으로 가서 살겠네."

온조와 신하들이 말렸으나 비류왕자는 고집을 부리며 듣지 않았습니다.

이리하여 비류는 백성들을 반으로 나누어 가지고 해변으로 떠났습니다. 미추홀이라 불리는 그곳은 지금의 인천 지방입니다.

온조왕자는 형과 헤어진 후 아리수 남동쪽에 도읍을 정했습니다. 하남 위례성이라 불리는 그곳은 지금의 경기도 하남시 일대입니다.

온조왕은 처음 나라 이름을 십제(十濟)로 지었습니다. 열 명의 신하의 도움으로 나라를 세웠다는 뜻이랍니다.

한편 미추홀로 간 비류왕자는 고생이 말이 아니었습니다. 땅이 습하고 물맛이 짜서 백성들이 마음놓고 살 수가 없었습니다.

고생이 심해서 견디다 못해 위례성으로 와 보니, 이곳에는 아무 부족함이 없었습니다. 비류는 자기가 하찮은 고집을 부려 백성들을 괴롭힌 생각을 하니 부끄러워서 살 수가 없었습니다.

비류왕자가 병이 나서 돌아가자 미추홀의 백성들도 다시 위례성으로 돌아왔으며, 이때부터 나라 이름도 '백제'라고 고쳐서 불렀습니다. 백제란 수많은 백성들을 구제한다는 뜻입니다.

＊부아악(負兒嶽) : 서울 근교에 있는 삼각산이라고 함.

꾀꼬리는 오락가락

　유리왕 3년 7월에 왕후 송씨가 세상을 떠났습니다. 주위가 쓸쓸해진 유리왕은 채희와 치희라는 두 여인을 맞아들여 후비로 삼았습니다.
　채희는 고구려 여자, 치희는 한나라 여자이므로 중국인입니다.
　그런데 이 두 여자 사이에 사랑 싸움이 벌어졌습니다. 유리왕은 보다못해서 양곡이란 곳에 궁실 두 채를 짓고 각각 떨어져 살도록 했습니다.
　그럼에도 왕이 사냥을 가서 여러 날 동안 돌아오지 않는 사이에 또 싸움이 벌어졌습니다.
　"중국의 천한 계집이 내 앞에서 이렇게 버릇없이 굴 수 있느냐?"
　채희가 자신이 고구려 여자임을 내세워 치희를 꾸짖었습니다. 아픈 데를 찔린 치희는 억울하고 창피해서 그 길로 집을 나가 친정으로 돌아갔습니다.

사냥에서 돌아온 유리왕은 이 소식을 듣고 크게 놀랐습니다. 곧 말을 타고 뒤쫓아갔으나 화가 난 치희는 끝내 돌아오지 않았습니다.

치희를 잃어버린 왕은 마음이 몹시 우울하고 허전했습니다. 치희는 비록 중국 사람이지만 보름달처럼 아름다운 여인이었기 때문입니다.

어느 날 유리왕이 후원의 나무 아래 앉아 쉬고 있는데 황금빛 꾀꼬리가 쌍쌍이 날아가는 게 보였습니다. 유리왕은 갑자기 치희 생각이 나서 다음과 같은 노래를 지어 불렀습니다.

꾀꼬리는 오락가락
쌍쌍이 노닐건만
외로운 이내몸은
누구와 함께 돌아가리.

"황조가"*라 불리는 이 노래는 "공후인"*, "구지가"*와 함께 우리 나라에서 가장 오래 된 시입니다.

---

*황조가(黃鳥歌) : '노란 새' 즉 꾀꼬리의 노래란 뜻.
*공후인(箜篌引) : 공후는 악기의 이름. 조선의 뱃사공 곽리자고의 아내 여옥이 지었다고 함.
*구지가(龜旨歌) : 가락국 시조 수로왕을 환영하기 위한 노래.

활 때문에 죽은 태자

고구려는 유리왕 22년 겨울에 도읍을 위나암성으로 옮겼습니다. 지금은 중국 땅인 길림성 집안현 산성자입니다.

유리왕은 새로운 도읍지를 돌아보고 이렇게 말했다고 합니다.

"이곳은 산이 험하고 물이 깊어서 외적으로부터 나라를 지킬 만한 곳이다. 또 들이 넓어서 곡식이 잘 여물고 산짐승과 물고기가 많아서 백성들을 먹여 살리기에 족한 곳이다."

그러나 왕은 이곳으로 도읍을 옮긴 후 나랏일은 돌보지 않고 사냥에만 열을 올렸습니다. 늙은 정승 협부가 보다못해서 왕에게 간하였습니다.

"도읍을 옮긴 지 얼마 되지 않아서 백성들의 마음이 아직도 어수선하옵니다. 그런데도 대왕께서는 정사는 돌보지 않으시고 사냥만 하시니 염려가 되옵니다. 즉시 사냥을 그만두옵소서."

그러나 유리왕은 정승의 말을 듣지 않았습니다. 뿐만 아니라 이 늙은 신하에게 잔소리 듣는 것이 귀찮아, 동명성왕 이래의 충신인 협부의 벼슬을 거둬들이고 내쫓아 버렸습니다.

한편, 유리왕의 태자인 해명은 힘세고 용기 있는 젊은이였는데, 왕이 위나암성으로 도읍을 옮겼음에도 불구하고 옛서울인 졸본성에 머물러 있으면서 오지 않았습니다. 태자도 왕 못지않게 고집이 세었던 모양입니다.

이 해명태자에게 이웃에 있는 황룡국의 왕이 강궁 한 틀을 선물로 보냈습니다. 강궁이란 시위를 당기려면 힘이 드는 강한 활을 말합니다.

태자는 그것을 가지고 온 사자 앞에서 시위를 힘껏 당겼습니다. 그러자 활이 "뚝!"하고 부러졌습니다.

"힘이 대단하십니다, 태자마마!"

사자가 놀라운 듯이 말했습니다.

"아니오. 내 힘이 센 것이 아니라 활이 약했기 때문이오."

태자는 아무렇지 않은 듯이 대답하고 사자를 돌려보냈습니다. 황룡국의 왕은 새삼 고구려가 업신여길 수 없는 강한 나라임을 깨닫고 자기의 어리석음을 뉘우쳤습니다.

그러나 후에 이 소식을 들은 유리왕은 펄쩍뛰면서 화를 냈습니다. 즉시 태자 앞으로 왕의 사신이 보내졌습니

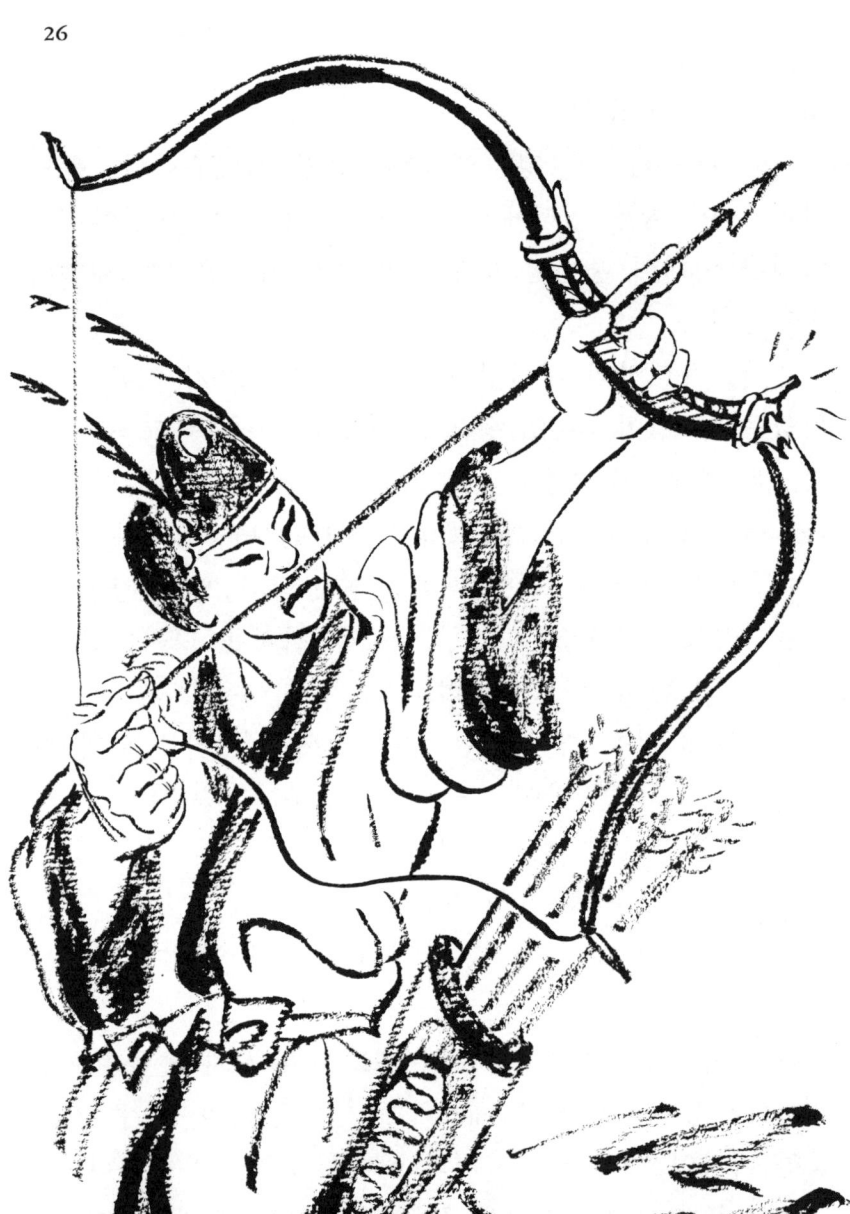

다.

"내가 도읍을 옮긴 것은 백성을 편안케 하고 나라의 기틀을 굳건히 하기 위해서였다. 그럼에도 너는 아비를 따라오지 않고 그곳에 머물러, 어리석은 힘자랑으로 이웃 나라와 원한을 맺었다. 이것이 자식 된 도리이냐?"

사신은 왕의 노여움을 전한 다음 칼 한 자루를 태자에게 주었습니다. 자결하라는 뜻입니다.

태자가 칼을 받아들자 옆에 있던 신하들이 한사코 말렸습니다.

"잠시 기다려 주십시오! 태자는 이 나라의 뒤를 이을 귀한 분이십니다. 사신의 말만 믿고 자결하신다는 건 너무나 성급하신 일이 아닙니까?"

그러나 태자는 듣지 않았습니다.

"지난번에 황룡 왕이 보낸 활을 꺾은 것은 그가 우리 나라를 업신여길까 보아 염려했기 때문이오. 그런데 뜻밖에도 아버님의 노여움을 사서 자결하라 하시니 어찌 따르지 않으리요."

태자는 곧 들로 나가 창을 땅에 꽂고 말을 타고 달려가서 그 위에 엎드려 죽었습니다.

태자의 나이 그때 21세. 후에 태자의 예로 넉넉하게 장사지내어졌지만 안타까운 일이 아닐 수 없습니다.

왕자 무휼의 용기

 부여 왕 대소가 유리왕 28년 8월에 사신을 고구려로 보내어 왕을 나무랐습니다. 대소는 금와왕의 맏아들입니다.
 "우리의 선왕이 그대의 선군(동명성왕)과 사이가 좋았음에도 불구하고, 동명왕이 우리 백성들을 꾀어 이곳으로 와서 나라를 세웠다. 나라에는 크고 작음이 있고, 작은 나라가 큰 나라를 섬김은 예라고 할 것이다."
 이것은 곧 고구려가 부여를 섬겨야 한다는 협박이었습니다.
 유리왕은 고구려가 나라를 세운 지 얼마 되지 않아 백성들이 약하므로, 굴욕을 참고 이렇게 대답하고자 했습니다.
 "과인은 외진 곳에 살기에 예의를 몰랐습니다. 이제 대왕의 말씀을 듣고 깨달았으니 명령을 따르겠습니다."
 그러자 유리왕 옆에 서 있던 어린 왕자 무휼이 사신에

게 말했습니다.

"우리 할아버지 동명성왕은 신령의 자손으로 어질고 덕이 있었습니다. 그럼에도 대소왕이 시기하여 부왕(금와왕)께 참소하여 말 기르는 직위로 쫓아냈으므로 부여를 떠난 것입니다."

무휼왕자의 이 깜찍한 대답에 유리왕은 물론 대소왕의 사신도 깜짝 놀랐습니다. 왕자가 말을 이었습니다.

"대소왕이 전에 저지른 잘못은 뉘우치지 않고 우리 고구려를 업신여기니, 사신은 돌아가 이렇게 전하세요. 지금 여기에 포갠 알(卵)이 있습니다. 대소왕이 이 알을 허물지 않으면 우리도 대소왕을 섬기겠지만 허물면 섬기지 않겠다고요."

대소왕이 그 말을 전해 듣고 여러 신하에게 물었습니다. 신하들도 '알을 포갠다'는 말이 무슨 뜻인지 몰라서 고개를 갸웃거렸습니다.

한 노파가 나서서 말했습니다.

"알을 포갠다는 것은 한문으로 누란(累卵)이며 위험하다는 뜻입니다. 그러므로 포갠 알을 허물지 말라는 것은 대왕께서 고구려의 굴복을 얻고자 하시다가 위험을 자초하지 말라는 뜻이옵니다."

이듬해 6월에 모천이란 냇물에서 검은 개구리와 붉은 개구리가 떼지어 싸우다가 검은 개구리가 패하여 죽었습니다. 이것을 본 사람들이 검은 것은 북방의 빛깔이니 부여가 망할 징조라고 말했습니다.

　마침내 유리왕 32년 11월에 부여가 고구려로 쳐들어왔습니다. 왕은 무휼왕자에게 군사를 이끌고 나가서 막으라고 명령했습니다.

　무휼왕자는 자기편 군사가 적으므로 맞서서 싸우기가 어렵겠다 생각하고 계책을 쓰기로 했습니다. 즉 군사를 산골짜기에 매복시키고 적군이 쳐들어오기를 기다렸습니다.

　부여군은 이런 줄도 모르고 곧장 학반령 골짜기 밑으로 치달려왔습니다. 때를 기다리던 고구려군이 숨은 장소에서 뛰쳐나와 먼 길을 달려온 부여군에게 기습을 가했습니다.

　별안간에 공격을 받은 부여군은 크게 당황했으며 말을 버리고 산으로 도망쳤습니다. 무휼왕자가 그 뒤를 추격하여 모조리 잡아죽였습니다.

　이 무공으로 유리왕은 무휼왕자를 태자로 세우고 나라의 큰일을 맡겼습니다.

　유리왕 37년에 왕이 세상을 떠나자 무휼태자가 그 뒤를 이었습니다. 그가 곧 제 3 대 대무신왕이니, 당시의 나이 15세였습니다.

대무신왕의 부여 정벌

　고구려와 부여는 본시 한조상에서 나온 형제의 나라였으나, 오랜 세월이 지나는 동안에 강력하게 맞서는 나라가 되었습니다.
　대무신왕 3년 10월에 부여 왕 대소가 이상한 새 한 마리를 보내 왔습니다. 생김새는 까마귀 같으나 털빛이 붉고 머리 하나에 몸뚱이가 둘이었습니다.
　처음에 부여 사람이 이 까마귀를 잡아다 대소왕에게 바쳤을 때 왕의 신하가 이런 말을 했습니다.
　"까마귀란 원래 검은 것인데 이놈은 털빛이 변하여 붉고, 또 머리 하나에 몸이 둘이니 어쩌면 대왕께서 고구려를 합병하실지도 모르겠습니다."
　대소왕은 그 말을 듣고 크게 기뻐하며 까마귀를 고구려로 보냈던 것입니다.
　그러나 대무신왕의 해석은 달랐습니다.
　"검은 것은 북방의 색이고 붉은 것은 남방의 색이다.

부여 왕이 이 상서로운 새를 얻어서 자기가 갖지 않고 나에게 보낸 것은 부여를 고구려에 바치겠다는 것과 다름이 없다."

이리하여 대무신왕은 이듬해 겨울에 부여 정벌의 군사를 일으켰습니다.

고구려군이 비류수에 당도하여 강변을 바라보니 한 여인이 밥솥을 들고 있는데, 가까이 가서 본즉 솥만 있고 사람은 없었습니다. 그 솥을 시험해 보니 불을 때지 않아도 저절로 뜨거워져서 쌀이 익는 신기한 물건이었습니다. 솥에 밥을 지어 군사들을 배불리 먹였습니다.

얼마쯤 가서 이물이란 큰 숲에 당도했습니다. 그 숲 속에서 야영을 하는데 밤에 어디선가 쇳소리가 들려 왔습니다.

이튿날 아침에 사람을 시켜 찾아보니 수많은 무기와 금으로 된 도장이 나왔습니다. 왕은 그 물건들을 하늘이 주신 것으로 여기고, 엎드려 절한 다음 소중히 거둬들였습니다.

왕이 길을 떠나려 할 때 이번에는 이상하게 생긴 사람들이 나타났습니다. 그중의 하나, 키가 9척이나 되고 눈알이 번쩍거리는 장사가 말했습니다.

"신은 저 멀리 북쪽에서 온 괴유란 자입니다. 대왕께서 부여를 치신다기에 도와 드리려고 왔습니다."

"잘 오셨소, 괴유장사!"

대무신왕의 부여 정벌

왕이 기뻐하자 옆에 있던 또 한 명의 장사도 아뢰었습니다.

"신은 적곡(붉은 골짜기란 뜻)에서 온 마로입니다. 저도 부여 정벌에 데려가 주신다면 긴 창을 들고 길을 안내하겠습니다."

"잘 오셨소, 마로장사!"

왕은 다시 한 번 기뻐하며 두 장사를 넉넉하게 대접했습니다.

대무신왕 5년 2월에 고구려군은 부여의 남쪽 국경으로 진격했습니다. 그곳은 땅이 질고 습하여 평지를 가려서 천막을 친 후 모두 쉬라고 명령했습니다. 일부러 보초도 세우지 않았습니다.

이것을 본 부여 왕은 아무 방비가 없는 고구려군을 기습하면 이길 듯싶어 말을 타고 달려왔습니다. 그러나 말 발굽이 진수렁에 빠져서 앞으로 나갈 수도 뒤로 물러설 수도 없게 되었습니다.

"나가서 싸우시오, 괴유!"

대무신왕이 명령했습니다.

괴유장사가 칼을 빼들고 고함을 지르며 돌격하니 부여의 군사들이 놀라서 흩어졌습니다. 키가 9척에다 눈알이 번갯불처럼 번쩍거리는 장사가 달려드니 놀랄 수밖에요.

괴유는 그 틈을 타서 곧장 부여 왕 대소에게 덤벼들어 칼로 머리를 베었습니다.

부여군은 왕을 잃자 기운이 꺾였습니다. 그럼에도 굴복하지 않고 용기를 내어 고구려군을 겹으로 포위했습니다. 양식이 부족한 고구려군은 곤경에 처하고 말았습니다.

대무신왕은 하늘에 빌고 도움을 청했습니다. 그러자 갑자기 깊은 안개가 끼어 지척을 분간할 수 없게 되었습니다. 그러는 동안에 왕은 짚으로 인형을 만들어 진영 안팎에 세워서 군사를 가장하고 밤중에 샛길로 도망쳤습니다.

왕이 고구려로 돌아온 다음 여러 신하를 술자리에 불러앉히고 말했습니다.

"과인이 부덕한 바탕을 가지고 부여를 치다가 그 나라의 왕을 죽였으나 멸망시키진 못했소. 또 이 싸움에서 많은 군사와 귀한 물자를 잃었으니 이것은 모두가 과인의 잘못이오."

이듬해 4월에 부여 왕 대소의 아우가 전사한 형 대신 갈사수* 가에 나라를 세우고 왕이 되었습니다. 그가 곧 갈사왕입니다.

10월에 장사 괴유가 병으로 죽게 되었습니다. 왕이 친히 문병을 간즉 괴유가 말했습니다.

"신은 북방의 미천한 사람으로서 여러 차례 대왕의 은혜를 입었습니다. 이제는 죽어도 한이 없습니다."

왕은 그 말을 어여삐 여기고, 괴유의 공로를 기려 북

명산 남쪽에 장사지내 주었습니다.

＊갈사수(曷思水) : 강물의 이름.

좌보 을두지의 지혜

 옛부터 우리 조상들은 싸워서 이기는 것보다 싸우지 않고 이기는 것을 최상의 승리로 여겼습니다.
 대무신왕 10년 정월에 을두지를 좌보로, 송옥구를 우보로 삼았습니다. 좌보, 우보란 곧 좌상, 우상이란 벼슬 이름입니다.
 이듬해 여름에 한나라의 요동 태수가 군사를 거느리고 쳐들어왔습니다. 왕이 대신들을 모아서 의논하자 우보 송옥구가 아뢰었습니다.
 "지금 중국은 해마다 흉년이 들어서 도적들이 일어나고 있습니다. 그럼에도 까닭 없는 군사를 일으킨 것은 중앙 정부의 지시가 아니며, 필시 요동 태수가 이익을 낚으려고 쳐들어온 것 같습니다."
 왕이 고개를 끄덕이자 송옥구가 다시 계책을 아뢰었습니다.
 "도리에 어긋난 군사는 이기지 못한다고 하였습니다.

험한 곳에 우리 군사를 매복시켰다가 쳐들어오는 적을 기습하면 격파할 수 있을 것입니다."

그리고 좌보 을두지는, "그러나 지금은 적군의 예기가 날카로워 당하기 어렵습니다. 성문을 닫고 지키다가 적군이 지칠 때를 기다려 나가서 치는 것이 좋겠습니다." 하고 계책을 아뢰었습니다.

왕은 을두지의 계책을 옳게 여기고 위나암성에 들어가서 굳게 지켰습니다. 그런데 수십 일이 지났음에도 적군은 포위를 풀지 않았습니다. 고구려군은 양식과 물이 모자라서 애를 먹었습니다.

왕이 을두지에게 물었습니다.

"도저히 지키기가 어려운 형편이니 어찌하면 좋겠소?"

을두지가 대답했습니다.

"적은 우리가 바위로 덮인 땅 위에 있기 때문에 먹을 물이 부족한 줄 알고 포위를 풀지 않는 것입니다. 신이 한 가지 계책을 쓰도록 하지요."

그것은 곧 연못 속의 잉어를 잡아 물풀에 싸서 적의 진영으로 보내는 것이었습니다.

이것을 받은 한나라 장수는 깜짝 놀랐습니다. 위나암성이 바위 위에 세워진 험한 성이라 샘물이 고갈된 줄 알았는데, 물풀에 싼 잉어를 받고 보니 아직도 물이 있음을 알았기 때문입니다.

"안 되겠다. 군사를 거두어 물러가자!"
 한나라 장수는 철군을 명령했습니다. 여기서 더 이상 버티다가는 용맹스러운 고구려군에게 덜미를 잡힐까 봐 두려웠던 것입니다.

호동왕자와 낙랑공주

 대무신왕의 아들인 호동왕자는 얼굴이 잘생긴 총명한 소년이었습니다. 비록 차비(왕의 둘째 부인)의 몸에서 태어났지만 그 얼굴의 아름다움 때문에 많은 사랑을 받았습니다.
 그 무렵 고구려와 낙랑은 국경이 맞닿아 있었으나 사이가 나쁘지는 않았습니다. 낙랑은 한사군의 하나로 중국이 조선 반도 안에 세운 나라였던 것입니다.
 대무신왕 15년 4월에 옥저 지방을 유람하던 호동왕자가 이곳을 순행하던 낙랑 왕 최리와 마주쳤습니다. 뭔가를 보고 놀란 낙랑 왕의 말이 발버둥치는 것을 호동왕자가 고삐를 잡아서 가라앉혔기 때문입니다.
 낙랑 왕 최리는 첫눈에 호동을 알아보고 마음에 들어 했습니다.
 "그대의 얼굴을 보니 보통 사람이 아닌 것 같구려. 혹시 북국 신왕*의 아들이 아니오?"

"그렇습니다."

호동이 공손히 대답하자, 낙랑 왕은 기쁘게 손을 잡으며 자기 나라로 가지 않겠느냐고 물었습니다. 호동도 별다른 일이 없었기 때문에 따라가기로 했습니다.

그런데 낙랑 왕 최리에겐 귀여운 딸 하나가 있었습니다. 왕은 호동왕자의 아름다운 얼굴을 보고 사위로 삼고 싶었습니다.

호동왕자와 낙랑공주는 얼마 동안 즐거운 나날을 보냈습니다. 이윽고 호동이 고구려로 돌아가게 되었습니다. 호동왕자는 울면서 놓지 않는 공주에게, "내가 본국에 돌아가면 아버님께 여쭈어 허락을 받아서 그대를 데려가리다." 하고 달랜 후 고구려로 떠나갔습니다.

고구려에서 호동왕자는 인편에 편지 한 통을 보냈습니다. 낙랑공주가 펴본즉 다음과 같은 내용이었습니다.

그대의 나라 무기고에 있는 북과 피리를 부수도록 하시오. 그것을 부수면 예의를 갖추어 맞아들이겠지만 그렇지 않으면 맞지 않겠소!

공주는 슬픔에 잠겼습니다. 낙랑에는 옛날부터 전해 내려오는 이상한 북과 피리가 있었는데, 그것은 적이 쳐들어오면 저절로 울려서 위기를 알려 주는 귀중한 보물이었던 것입니다.

사랑하는 호동왕자의 말을 들을 것인지 나라의 위급을 구할 것인지, 공주는 망설이지 않을 수 없었습니다.

고민하던 공주는 마침내 뜻을 정하고 몰래 무기고로 들어가서 잘 드는 칼로 북을 찢고 피리를 부수었습니다.

이 소식을 들은 호동왕자는 즉시 부왕에게 권하여 낙랑을 엄습했습니다. 북과 피리가 울지 않았기 때문에 낙랑 왕 최리는 아무런 방비도 하지 않고 있었습니다.

고구려군이 낙랑성 밑에까지 쳐들어온 다음에야 최리는 귀중한 북과 피리가 망가진 것을 알았습니다.

"이것이 누구의 짓이냐?"

화가 난 낙랑 왕은 공주를 죽인 후 성문을 열고 나와서 항복했으며, 400여 년 동안 영화를 누리던 낙랑은 고구려군의 말발굽에 짓밟히고 말았습니다.

호동왕자는 나라를 위해서 큰 공을 세웠습니다. 비록 낙랑공주를 사랑으로 낚았다가 배반했지만 고구려를 위해서는 큰 경사가 아닐 수 없었습니다.

그러자 대무신왕의 왕비가 호동을 시기하기 시작했습니다. 차비의 소생인 호동왕자가 총애를 빼앗고, 자기가 낳은 아들의 지위까지 가로채지 않을까 염려했던 것입니다.

왕비는 요모조모로 일을 꾸며서 호동왕자를 모함하려 했습니다. 왕비가 왕에게 참소했습니다.

"호동이 저를 예로써 대하지 않습니다. 아마도 신첩에

게 음란한 마음을 품고 있는 것 같습니다."

그러나 왕은 그 말을 선뜻 믿으려 하지 않았습니다.

"그럴 리가 있겠소. 왕비가 낳은 아들이 아니기에 미워하는 게 아니오?"

"무슨 말씀을 그렇게 하십니까! 정 믿지 못하시겠다면 은밀히 숨어서 엿보도록 하세요. 만일 신첩의 말이 거짓이라면 스스로 죄를 받겠습니다."

왕비는 울면서 호소했습니다. 처음에는 믿지 않던 왕도 왕비의 참소가 거듭되자 '혹시?……' 하는 의심이 생겼습니다.

이 소문은 곧 호동왕자의 귀에도 들어갔습니다. 부왕이 자기에게 왕비를 간음하려 한 죄를 물어서 벌을 내릴지도 모른다는 소문이었습니다.

"아, 한 여자를 배반한 죄가 이와 같은 재앙을 불러들이는구나!"

호동왕자는 낙랑공주의 죽음을 생각하고 그제서야 뉘우쳤습니다.

그러자 호동왕자를 섬기던 신하가, "왜 대왕 앞에 나아가서 변명하지 않으십니까?" 하고 물었습니다. 호동이 고개를 숙이고 대답했습니다.

"내가 만약 변명하면 이는 어머니(모후)의 잘못을 드러내어 부왕에게 걱정을 끼치는 일이 됩니다. 이것을 어찌 효라고 하겠소."

왕비는 자기를 낳은 친어머니가 아니지만 부왕의 아내이니 어머니와 같습니다. 그리하여 마침내 호동왕자는 칼 위에 엎드려 스스로 목숨을 끊었습니다. 낙랑공주를 배반한 지 석 달도 되지 않아서였습니다.

후세 사람들이 말했습니다.
"대무신왕이 왕비의 참소를 믿고 죄 없는 아들을 죽인 것은 큰 잘못이지만 호동왕자에게도 잘못이 없는 것은 아니다. 그 이유는 아버지가 아들을 꾸짖으면 순순히 듣고 있어야 하지만, 매로 때리면 달아나서 아버지를 더 이상 잘못되게 하지 않아야 하기 때문이다."

─────────────

＊북국 신왕(北國神王) : 북쪽 나라 신성한 왕이란 뜻으로 고구려의 왕을 가리킴.

폭군 모본왕의 죽음

 제5대 모본왕은 희대의 폭군이었습니다. 그는 대무신왕의 아들로 태어나 호동왕자가 자결한 후 태자로 책립되었으나, 어렸을 때 부왕의 총애를 못 받고 오직 왕비의 편애에만 의지하여 자라나 성격이 비뚤어지고 난폭했습니다.
 대무신왕이 세상을 떠나자 마땅히 해우(모본왕의 이름)가 뒤를 이어야 할 터인데도 고구려 백성들이 그를 꺼려 어리다는 이유로 밀어내고, 대무신왕의 아우 해색을 세워 제4대 민중왕을 삼았습니다.
 모본왕은 이 일에 대해서도 심사가 틀려 있었습니다.
 모본왕이 왕위에 오르자 여러 가지 천재지변이 잇따라 일어났습니다. 왕이 되던 해 8월에는 홍수가 나서 산이 무너졌고, 이듬해 봄에는 강한 바람이 불어서 나무가 뿌리째 뽑혔으며, 서리와 우박이 쏟아졌습니다.
 굶주린 백성들이 거리를 메웠으며, 더러는 유민이 되

어 먼 곳으로 떠나는 자도 생겨났습니다.

그럼에도 모본왕의 포학은 날이 갈수록 심해졌습니다. 거만한 왕은 누울 때는 사람을 베개로 삼고, 앉을 때는 사람을 깔고 앉았습니다. 그러다가 밑에 깔린 사람이 견디다 못해 움직이면 가차없이 칼로 쳐 죽였습니다.

"대왕이시여! 이것은 너무나 지나친 일이옵니다. 백성들을 불쌍히 여기셔서 괴롭히지 마옵소서!"

한 신하가 보다못해서 간했습니다. 그러자 모본왕은 화를 발끈 내며, "네놈이 날 훈계하느냐?" 하고 활을 쏘아서 죽여 버렸습니다.

왕을 가까이 섬기는 신하 가운데 두로란 자가 있었습니다. 두로도 여러 차례 왕의 베개가 되어 고통을 받았으며, 언제 죽임을 당할지 몰라 겁에 떨며 조바심치고 있었습니다.

두로가 한 친구에게 울면서 사정을 말했습니다. 그 친구가 대답했습니다.

"옛글에 '나를 불쌍히 여겨 살려 주시면 내 임금이요, 이유 없이 나를 학대하면 내 원수'라고 하였으니, 울지 말고 일을 꾸미게. 백성들을 포학하게 대하는 자는 왕이 아니라 원수일세!"

이리하여 두로는 왕을 죽이기로 작정했습니다.

모본왕 6년 11월의 어느 날, 두로는 칼을 품고 왕 앞으로 나아갔습니다. 두로가 베개가 되길 자청하는 줄 알

폭군 모본왕의 죽음

고 왕이 자리를 고쳐 앉는 사이에 두로는 칼을 빼어 왕을 찔렀습니다.
"두로, 네놈이 나를!……"
왕이 소리쳤습니다. 그러나 가슴을 찔린 왕은 다시 일어서지 못했습니다.

왕위를 물려준 대조대왕

　모본왕이 죽자 유리왕의 손자인 궁(宮)이 그 뒤를 이었습니다. 제 6 대 대조대왕의 등극입니다.
　모본왕은 생전에 왕자 익(翊)을 세워서 태자로 삼았으나, 그의 성질이 거칠다 하여 고구려 백성들이 고추가* 재사(再思)의 아들인 궁을 맞아들여 왕으로 삼았던 것입니다.
　대조대왕은 성품이 바르고 너그러웠으며, 또 나라를 위해 영토를 넓히는 일에 힘썼습니다.
　대조대왕 3년 2월에는 요서 지방에 성 10개를 쌓아 한 나라의 침략에 대비하였고, 이듬해 7월에는 동옥저를 정벌하여 나라 땅을 동해변까지 넓혔습니다.
　왕 16년에는 동부여 갈사왕의 손자 도두가 나라를 들어 항복해 오자 이를 받아들이고 우태 벼슬을 주었으며, 20년에는 관나부*의 패자* 달가를 파견하여 조나*를 쳐서 그 왕을 사로잡았습니다.

왕 53년 정월에는 장수를 요동으로 보내어 한나라의 여섯 고을을 공략했고, 66년 6월에는 예맥과 연합하여 한나라의 현도군을 습격하여 화려성을 함락시켰습니다.

또 69년 봄에 한나라 유주 자사 풍환과 현도 태수 요광, 요동 태수 채풍 등이 군사를 거느리고 고구려 영토인 예맥에 침입하자, 왕제(왕의 아우) 수성(遂成)을 시켜서 나가 싸우도록 하여 적의 성곽을 불지르고 2천여 명을 격살하였습니다.

다시 말하면 대조대왕의 94년에 걸친 오랜 치세는 하나의 부족 국가였던 고구려가 기지개를 켜고 동방에서 패권을 확립하는 비약의 시대였던 것입니다.

대조대왕은 백성들의 살림살이를 보살피는 일에도 각별히 마음을 썼습니다. 왕 8년 7월에 홍수가 나서 서울(국내성) 백성들의 집이 떠내려가자 이재민을 구제하는 데 힘썼고, 56년 봄에 큰 가뭄이 들어 백성들이 굶주리자 사람을 보내어 진휼토록 명하였습니다.

또 66년 여름에 누리가 내리고 우박이 쏟아져 곡식을 해치자 나라 창고를 열어 배고픈 자들을 구제하게 하였습니다. 또 벼슬아치들에게 명령하여 어질고 효성스러운 자를 천거토록 하여 상을 주고, 홀아비·홀어미·고아·자식 없는 늙은이 등 혼자서 살아가기 어려운 자를 찾아내어 옷과 음식을 주고 위로하였습니다.

이외에도 왕이 곤궁한 백성들을 위문하고 물건을 내려

준 일은 이루 헤아릴 수 없었으며, 백성들은 왕의 자애로움에 감복하고 깊이 따랐습니다.
 그러나 이와 같은 대조대왕에게도 걱정이 없는 것은 아니었습니다. 왕의 아우인 수성의 만만치 않은 야심이었습니다.
 그리고 또 하나는 대조대왕 자신의 남다른 장수였습니다. 사람이 오래 산다는 것은 좋은 일이지만, 왕은 7살에 왕위에 올라 94년에 물러날 때까지 그 자리에 있었으니 100살이 넘도록 살았던 것입니다. 지혜로운 왕은 이것이 어떠한 결과를 가져오는지 짐작하고 남음이 있었습니다.
 그러나 왕이란 하기 싫다고 해서 함부로 물러날 수 있는 자리가 아닙니다. 대조대왕도 71년 10월에 어질기로 이름난 패자 목도루를 좌보로 삼고, 고복장을 우보로 삼아 정사를 돌보게 한 다음 물러날 뜻을 비쳤으나, 그때마다 선례가 없는 일이라 하여 만류를 받았습니다.
 그때까지만 해도 왕이란 그 자리에 오르면 죽을 때까지 하는 것으로 되어 있었기 때문인데, 이것은 고구려뿐만 아니라 백제와 신라도 마찬가지였습니다.

 왕제 수성은 이미 여러 차례 싸움터에 나가서 큰 공을 세운 장군이었습니다. 80년 7월에 수성이 사냥터에서 연회를 베풀자 관나부의 벼슬아치 미유와 환나부의 어지루, 비류나부의 양신 등이 조용히 수성을 부추겼습니다.

"모본왕이 돌아갔을 때 태자가 불초하여 왕자 재사를 세워서 왕으로 삼으려고 했습니다. 그러나 재사는 늙었다는 핑계로 자기 아들 궁(대조대왕)에게 자리를 양보했습니다. 이는 왕의 자리도 양보할 수 있음을 뜻함이니, 왕제께서도 일을 도모하십시오."

말하자면 정변을 일으켜서 왕위를 빼앗으라는 부추김인데, 음흉한 수성은 다음과 같이 대답했습니다.

"왕이 지금 연로하지만 뒤이을 왕자가 있으니 내가 어찌 그 자리를 엿보겠소?"

이 말을 들은 좌보 목도루는 수성에게 딴마음이 있음을 알아차리고 벼슬에서 물러났습니다.

왕제 수성은 갈수록 방자해졌습니다. 사냥을 나가 여러 날 돌아오지 않으면서 온갖 놀이를 즐겼습니다. 그의 아우 백고가 보다못해서 형을 나무랐습니다.

"형님은 지금 대왕의 친아우로서 모든 신하의 윗자리에 계십니다. 마땅히 충성된 마음으로 대왕을 섬기고 예절로 사사로운 욕심을 다스려야 할 터인데, 이토록 놀고 즐기면서 근심을 잊으려 하니 어찌된 일입니까?"

그러자 수성이 아니꼽다는 듯이 백고를 흘겨보며 대답했습니다.

"사람이 부귀와 즐거움을 누리고자 하는 것은 본성이다. 내가 누릴 만한 자리에 있기에 놀고 즐기는데 무슨 참견이냐!"

 대조대왕 90년 9월에 지진이 일어났습니다. 왕이 밤에 표범이 범의 꼬리를 물어 끊는 꿈을 꾸고 수상히 여겨 점쟁이에게 물어 보았습니다. 점쟁이가 해몽을 했습니다.

 "범(호랑이)은 백수(온갖 짐승)의 우두머리요, 표범은 범과 같은 족속이지만 몸집이 작습니다. 대왕의 친족 가운데 대왕의 뒤를 끊으려고 도모하는 자가 있는 듯하옵니다."

 왕은 마음이 언짢아서 우보 고복장에게 의논하자, 이렇게 대답했습니다.

 "착한 일을 하지 않으면 길한 것이 흉한 것으로 변하고, 착한 일을 하면 재앙도 복으로 바뀐다고 합니다. 대왕께서는 지금 나라를 내 집같이 걱정하시고 백성들을 내 자식처럼 사랑하십니다. 조그만 변괴가 있은들 무슨 걱정이 되겠습니까."

 94년 7월에 왕제 수성이 또 사냥터에 사람들을 모아 놓고 이런 말을 했습니다.

 "왕이 늙어도 죽지 않고 내 나이도 이미 노경에 이르렀으니 더 이상 기다리지 못하겠소. 변을 일으키고자 하니 모두 날 따라 주시오."

 "명령대로 하겠습니다."

 사람들이 소리쳤습니다.

그러나 이때 한 사람이 나서서 수성에게 물었습니다.

"조금 전에 왕제께서 상서롭지 못한 말씀을 하였으되 모두 직간하지 아니하고, 명령을 따르겠다는 아첨하는 대답만 했습니다. 저는 바른말을 하고 싶습니다. 허락하시겠습니까?"

음흉한 수성이 웃으면서 대답했습니다.

"그대가 바른말을 하겠다면 나에겐 약이 될 터인데 말해 보오."

"지금 대왕이 현명하여 나라 안팎이 태평한데, 왕제께서는 아첨하는 자들의 말을 듣고 역심을 품고 계십니다. 만일 왕제께서 생각을 바꾸어 지성으로 대왕을 섬긴다면 상께서 아우의 착함을 아시고 왕위를 물려주실지 모르나, 그렇지 않으면 반드시 화가 미칠 것입니다."

수성의 얼굴빛이 대번에 달라졌습니다. 그를 둘러싼 자들이 바른 것을 시기하여 그 사람을 참소했습니다.

"이러다가는 우리의 음모가 탄로나서 화를 입을까 두렵습니다. 저 입 놀리는 자를 죽여서 후환을 없애소서."

수성이 고개를 끄덕이자 그를 따르는 자들이 바른말을 한 사람을 잡아서 죽였습니다.

우보 고복장이 왕에게 아뢰었습니다.

"수성이 장차 모반하고자 하오니 그를 먼저 제거하옵소서."

그러나 왕은 고개를 가로저었습니다.

"과인은 이미 늙었고, 수성은 나라에 공이 있소. 장차 이 자리를 그에게 물려주고자 하니 경은 너무 염려하지 마시오."

고복장이 충성된 마음으로 왕에게 아뢰었습니다.

"수성은 사람됨이 어질지 못하고 잔인합니다. 대왕께서 왕위를 물려주신다면 훗날 대왕의 자손을 해칠 것입니다. 통촉하옵소서!"

그러나 왕은 그해 12월에 수성을 불러앉히고 이렇게 말했습니다.

"나는 이미 늙어서 정사를 감당하기 어렵다. 그대는 나라에 공을 세웠으니 백성들의 소망을 채워 줄 수 있을 것이다. 내 대신 왕위에 올라 이 나라를 아름답게 다스려 다오."

그런 다음 대조대왕은 별궁으로 물러가 여생을 보냈습니다.

＊고추가(古雛加) : 고구려 왕족에게 주는 첫째 벼슬.
＊관나부 : 고구려 5부의 하나. 관노부.
＊패자(沛者) : 고구려 왕족에게 주는 넷째 벼슬.
＊조나 : 부족 국가의 이름.

충신을 죽인 차대왕

　차대왕 수성은 대조대왕의 친동생이었습니다. 사람됨이 씩씩하고 용감하여 위엄은 있었으나 인자함이 적었습니다. 대조대왕에게 물림을 받아 제7대 왕위에 오르니, 그때 나이 76세였습니다.
　차대왕은 우선 관나부의 벼슬아치 미유를 좌보로 삼았습니다. 사냥터에서 연회할 때 자기보고 왕위에 오르기 위한 일을 꾸미라고 부추긴 자였습니다.
　그 다음에 왕이 착수한 것은 우보 고복장을 죽이는 일이었습니다. 대조대왕에게 "수성은 위인이 잔인하고 어질지 못하다."고 고해바친 앞일을 내다볼 줄 아는 현자였습니다.
　"네 이놈! 나와 무슨 원한이 있기에 대조대왕에게 과인을 모함했더란 말이냐?"
　용상에 높이 앉은 차대왕이 결박지어 앉힌 고복장을 향해 소리쳤습니다.

충신을 죽인 차대왕 57

"나는 그대의 신하가 아니라 대조대왕의 신하요. 내가 앞서 선왕께 그대를 비평한 것은 그대에게 난적(세상을 어지럽히는 도적)의 성품이 있기 때문이오."

"뭣이라고? 네놈의 발칙한 주둥아리가 아직도 살아 있구나!"

차대왕은 펄펄뛰며 고복장을 세게 때리라고 명령했습니다. 살이 터지고 피가 튀었습니다. 그럼에도 고복장의 기상은 조금도 꺾이지 않았습니다.

"선왕께서 내 말을 듣지 않아 일이 오늘에 이르렀으니 원통하구나! 지금 그대는 왕위에 올라 마땅히 정치를 바르게 해야 하거늘, 의롭지 못하게도 충신을 죽이려 하는구나. 내 무도한 왕 밑에 사느니 차라리 죽느니만 같지 못하다. 어서 죽여라!"

고복장의 외침도 서릿발 같았습니다. 무수히 내리치는 곤장 아래 숨을 거두니 백성들이 듣고 애석해하지 않는 사람이 없었습니다.

차대왕 2년 7월에 환나부의 어지루를 좌보로 삼고, 10월에 비류나부의 양신을 중외대부로 삼았습니다. 모두가 왕의 사냥 친구들이었습니다.

이듬해 4월에 왕이 자객을 보내어 대조대왕의 맏아들 막근을 죽였습니다. 막근의 아우 막덕은 화가 자기한테도 미칠까 두려워서 스스로 목매어 죽었습니다. 충신 고복장의 예언이 그대로 들어맞았던 것입니다.

그해 여름, 왕이 평유원에서 사냥을 할 때 흰 여우가 왕이 탄 말을 뒤쫓아오며 울었습니다. 왕이 활을 쏘았으나 맞히지 못했으며, 막사로 돌아오자 점쟁이에게 길흉을 물었습니다.

"여우는 본디 요망한 짐승이라 길하지 못합니다. 더욱이 그것이 흰 여우이니 괴이한 일이라 하지 않을 수 없습니다."

점쟁이는 여기서 잠시 말을 멈추고 왕의 기색을 살폈습니다. 왕은 퉁상스럽게, "걱정할 것 없다. 아는 대로 솔직히 말하라!" 하고 재촉했습니다.

"하늘은 사람에게 하기 어려운 말이 있을 때 가끔 헛것으로 나타내 보이는 수가 있습니다. 이것은 대왕으로 하여금 자신을 돌아보고 두렵게 하여 새사람으로 만들고자 하는 뜻입니다. 임금이 덕을 닦으면 화를 복으로 바꿀 수도 있습니다. 통촉하옵소서!"

그러나 왕은 듣지 않았습니다. 듣지 않았을 뿐만 아니라 벼락같이 화를 내며 소리쳤습니다.

"길하면 길하고 흉하면 흉한 것이지, 먼저는 요망하다 하고 후에는 복이 될 수 있다고 하니, 이 무슨 거짓말이냐? 저 엉뚱한 거짓말쟁이를 당장 끌어내어 처단하라!"

점쟁이는 자기가 아는 것을 곧이곧대로 말했기 때문에 죽임을 당했습니다.

차대왕 4년 4월에 일식이 있었습니다. 5월에는 목성·화성·금성·수성·토성 등 별 다섯이 동쪽 하늘에 모인 이변이 일어났건만 천문을 살피는 벼슬아치는 왕의 노여움을 살까 두려워서, "별 다섯이 동쪽에 모인 것은 대왕의 덕이요, 나라의 홍복이옵니다." 하고 거짓으로 일러 바쳤습니다.

"허허허! 그래? 좋았어!"

왕은 크게 기뻐하였습니다.

차대왕 8년 12월에 우레와 지진이 일어나고, 살별이 달을 스치고 지나갔습니다.

13년 2월, 북쪽에 혜성이 나타났습니다.

20년 정월에 일식이 있었고, 그해 3월에 대조대왕이 향년 119세로 별궁에서 돌아가셨습니다.

그해 10월, 연나부의 벼슬아치 명림답부가 반란을 일으켜서 부덕한 왕을 죽였습니다.

후세의 역사가가 말했습니다.

"아무 허물이 없는 아들(왕자)에게 왕위를 물려주지 않고 아우(왕제)에게 물려준 것은 이미 천하의 대사를 그르치려는 조짐이었다. 대조대왕이 이것을 모르고 왕의 자리를 어질지 못한 아우에게 물려주어, 한 충신과 두 아들에게까지 화를 미치게 하였으니 참으로 통탄할 일이다."

인자한 왕과 용기 있는 재상

　차대왕이 죽자 대조대왕의 아우인 백고가 그 뒤를 이었습니다. 이때 백고는 차대왕의 무도함으로 말미암아 나라에 환난이 일어나지 않을까 염려되어 산속에 숨어 있었는데, 차대왕이 죽은 후 좌보 어지루가 모셔오게 했던 것입니다.
　백고가 오자 어지루는 땅바닥에 꿇어 엎드려 국새(임금의 도장)를 바치며 아뢰었습니다.
　"선왕이 불행으로 돌아가시고, 그 아드님이 있으나 나라의 주인이 되기에는 부족함이 많습니다. 모든 사람의 마음이 지극히 어지신 분을 사모하오니, 이 옥새를 거두시고 왕위에 나아가 주십시오. 간청하나이다."
　겸손한 백고는 거듭 사양하다가 즉위하니 그가 곧 제 8 대 신대왕입니다.
　신대왕은 왕위에 오르자 곧 불안에 떠는 백성들에게 명을 내렸습니다.

"나는 왕의 지친으로 태어났지만 본시 왕이 될 만한 사람이 아니오. 차대왕이 나라를 아름답게 다스려 달라는 대조대왕의 명을 어기고 무도하게 하므로 화가 미칠까 두려워서 산속에 숨어 있었는데, 여러 신하와 백성들이 나를 추대하여 왕이 되라 하니 조심스러울 따름이오. 마땅히 은혜를 먼 곳에 미치게 하고 백성들과 더불어 새로워지고자 하니, 나라 안의 죄진 사람들을 모두 풀어 주시오."

이 사면령을 듣고 백성들은 크게 기뻐했습니다. 차대왕이 나라를 다스리는 동안에 본의 아닌 억울한 죄로 옥에 갇히고, 숨어서 사는 사람들이 많았기 때문입니다.

차대왕의 태자인 추안도 이때 산골짜기에 숨어 있었는데, 신대왕이 내린 사면령을 듣자 즉시 대궐로 향했습니다. 추안이 왕에게 아뢰었습니다.

"이 나라에 명림답부의 난이 있을 때 신은 죽지 못하고 산속에 숨었습니다. 그러나 이제 대왕이 내리신 너그러운 사면령을 듣고 감히 죄를 고하옵니다. 죽이지만 않으시고 먼 곳으로 귀양보내신다면 하늘의 은혜로 여기겠습니다."

그러나 인자한 왕은 차대왕의 태자인 추안에게 땅을 주고 양국군(나라를 양보한 왕자)으로 봉했습니다.

신대왕 2년 정월에 명림답부를 국상으로 삼았습니다. 국상이란 좌보·우보를 합친 높은 벼슬로서 재상(정승)에 해당하는 것입니다.

　신대왕 8년 11월에 한나라가 대군을 휘몰아 고구려로 쳐들어왔습니다. 왕이 신하들을 모아 놓고 적을 맞아서 싸울 것인지 지킬 것인지 대책을 의논했습니다. 여러 신하들이 아뢰었습니다.

　"한나라는 군사의 수효가 많음을 믿고 우리를 업신여기고 있습니다. 따라서 우리가 나아가 싸우지 않으면 겁이 많다 하여 자주 쳐들어올 것입니다. 다행히 우리 나라는 산이 험하고 길이 좁으니 그들이 쳐들어와도 쉽게 이기진 못할 것입니다. 군사를 내어 막아 봄이 좋겠습니다."

　그러나 명림답부의 생각은 달랐습니다. 뛰어난 전략가이기도 한 그는 나가서 싸울 것을 주장하는 여러 대신들의 의견에 맞서서 다음과 같이 주장했습니다.

　"한은 나라가 크고 군사들이 강하며 멀리 와서 싸우더라도 그 기운이 날카롭습니다. 그 반면에 우리는 군사는 적으나 험한 땅을 가졌습니다. 적이 강하게 나올 때는 지키고, 약해지면 나가서 싸우는 것이 병가의 상사입니다."

　여기까지 말하고 명림답부는 대신들의 표정을 살펴보았습니다. 아무도 이의를 말하는 자가 없었습니다.

　"지금 한나라 군사는 먼 길을 달려왔기 때문에 군량(양식)을 대기가 힘들 것입니다. 우리가 만약 성을 높이

인자한 왕과 용기 있는 재상　65

쌓고 기다린다면 그들은 반드시 한 달을 못 넘기고 굶주림에 지쳐서 돌아가려 할 것입니다. 그때 강한 병사로써 뒤쫓는다면 우리는 쉽게 이길 수 있으리라 믿습니다."

　왕은 크게 고개를 끄떡였습니다. 참으로 훌륭한 전략이었기 때문입니다.

　한나라의 공격은 밤낮을 가리지 않고 계속되었습니다. 그럼에도 고구려군은 성을 굳게 지키며 싸우려 하지 않았습니다.

　마침내 한나라 군사들은 공격하다 지치고 군량이 떨어져서 발길을 돌리지 않을 수 없었습니다.

　"바로 이때다! 성문을 열고 나가서 적을 무찌르자!"

　명림답부는 기병 수천을 이끌고 물러가는 한나라 군사들의 뒤를 쫓았습니다.

　쫓고 쫓기는 추격전이 벌어졌습니다. 굶주림에 지치고 싸움에 지친 한나라 병사들은 정신없이 도망치다가 고구려 군사가 휘두르는 칼에 맞아 쓰러졌습니다. 말 한 필, 군사 한 사람도 제대로 돌아가지 못했다고 합니다.

　"와아! 우리가 이겼다!"

　승리의 함성이 온 들에 메아리쳤습니다.

　승전 보고를 들은 신대왕의 기쁨도 여간이 아니었습니다. 왕은 곧 승리의 영웅인 명림답부에게 상으로 식읍*을 내리고, 모든 병사들에게도 음식과 술을 내려 주었습니다.

신대왕 12년 정월에 신하들이 태자의 책립을 왕에게 주청하였습니다. 왕자 남무를 세워 태자로 삼았습니다.

신대왕 15년 9월에 국상 명림답부가 세상을 떠났습니다. 일설에 의하면 고구려 군사로써 한나라를 치고자 계획하다가 쓰러졌다고 합니다. 당시 그의 나이 113세. 일세의 영웅이라 하겠습니다.

왕이 친히 그 집에 가서 통곡하고 이레 동안 정사를 보지 않았습니다.

＊식읍(食邑) : 나라에서 공 있는 신하에게 내려 주는 고을. 조세를 받아 쓰게 함.

고국천왕과 을파소

 신대왕이 세상을 떠나자 태자 남무가 뒤를 이어 제 9대 고국천왕이 되었습니다. 몸 길이가 9척에 힘이 장사요, 너그러움과 위엄을 갖춘 현명한 왕이었습니다.
 고국천왕은 즉위 이듬해에 우씨란 여인을 왕후로 맞아들였습니다. 연나부의 족장 우소의 딸인 우씨는 얼굴이 갸름하고 눈이 시원한 아리따운 여자였습니다.
 왕 6년에 한나라의 요동 태수가 군사를 휘몰아 고구려를 침공했습니다. 왕자 계수를 보내어 막게 했으나 이기지 못하므로, 왕이 친히 날랜 기병을 이끌고 가서 적군을 격파했습니다.
 왕 12년에 중외대부 어비류와 평자* 좌가려가 반란을 일으켰습니다. 그들은 모두 왕후의 친척인데, 권세를 믿고 방자하게 굴면서 남의 자식을 잡아다 종과 첩으로 삼고 재산을 가로챘으므로 백성들에게 원한을 샀습니다. 왕이 이 말을 듣고 죽이려 하자 그들이 부족과 함께 모반한 것입니다.

"누구든지 권세를 등에 업고 백성을 괴롭히는 자는 용서치 않으리라!"

왕은 그들을 철저히 토멸하라는 명령을 내리고 백성들을 향해서 이렇게 말했습니다.

"요즘 벼슬을 권세와 총애로 누리고 지위를 덕으로써 승진하지 않는 자가 있어 그 해독이 백성에게까지 미쳤소. 이는 모두 과인의 잘못이오. 경들은 나랏일을 맡길 만한 어진 사람을 천거하시오."

신하들이 동부의 안류란 사람을 천거했습니다. 왕이 그에게 국정을 맡기려 하자, "신은 어리석고 용렬하여 큰 임무를 맡을 자가 못 됩니다. 서압록 골짜기의 좌물촌이란 곳에 을파소란 사람이 있습니다. 그는 유리왕 때의 대신 을소의 손자로, 성품이 강직하고 지혜가 깊습니다. 대왕께서 나라를 옳게 다스리려면 이 사람을 불러다 쓰십시오." 하고 안류가 사양하며 말했습니다.

왕은 곧 사람을 좌물촌으로 보내어 공손한 말과 정중한 예로써 을파소를 초빙했습니다. 왕이 그에게 우태 벼슬을 내리며 말했습니다.

"과인이 외람되이 선왕의 업을 이었으나 덕과 재주가 모자라 바른 다스림을 하지 못하오. 선생은 오랫동안 초야(시골)에 묻혀 계시면서 어진 마음과 슬기로운 재주를 닦으셨으니 과인을 위해서 국정을 도와 주십시오."

을파소는 왕의 부름을 따르고 싶었으나, 자기가 받은 벼슬이 국정을 맡아 하기에는 좀 부족하다고 생각했습니다. 그래서 왕 앞에 머리를 조아리고, "늙고 어리석은 신으로서는 대왕의 엄명을 감당키 어렵습니다. 원컨대 신보다 더 어질고 명민한 사람을 가려 뽑아, 그에게 높은 벼슬을 내리시어 큰일을 이루소서." 하고 아뢰었습니다. 왕은 즉시 을파소의 말뜻을 알아차리고 국상을 제수하고 정사를 맡겼습니다.

이때 조정의 신하들과 귀족들은 을파소가 새로 뽑힌 벼슬아치로서, 자기들과 왕 사이를 갈라놓는다 하여 그를 미워했습니다. 왕이 엄명했습니다.

"귀천을 막론하고 누구든지 국상에게 복종하지 않는 자가 있다면 엄벌을 받으리라!"

왕의 신임이 이토록 두터웠으므로 을파소는 지성으로 왕을 섬기고 나라를 다스렸습니다. 왕의 정령(명령이나 법령)을 밝혀서 옳게 시행하고, 함부로 상을 내리거나 벌주지 아니하니 백성들의 살림살이가 날로 좋아졌습니다.

왕이 을파소를 추천한 안류보고 말했습니다.

"만일 그대가 을파소를 천거하지 않았다면 과인 혼자서 나라를 다스리기에 힘이 들었을 것이오. 고맙소."

왕은 안류에게 어진 사람을 추천한 공으로 대사자란 벼슬을 주었습니다.

왕 16년 7월에 서리가 내려 곡식을 해쳤습니다. 백성들이 굶주리자 나라 곡식으로 이를 구제했습니다.

 하루는 왕이 사냥을 나섰는데, 어떤 사람이 길 위에 앉아 우는 것을 보았습니다. 무엇 때문에 우느냐고 묻자 그 젊은이가 대답했습니다.

 "저는 집이 가난하여 품을 팔아서 어머니를 공양했습니다. 그런데 금년에는 흉년이 들어 품팔이도 할 수 없고, 쌀 한 톨 구하기가 어렵습니다. 굶은 채로 앉아 계시는 늙은 어머니 생각을 하니 저절로 눈물이 나오는군요."

 이 말을 들은 왕은, "아, 내가 백성들의 부모가 되어 그들을 이런 지경에까지 이르게 했으니 모두가 나의 잘못이다!" 하고 탄식하며, 그 젊은이에게 옷과 음식을 주어 위로했습니다.

 그리고 곧 발길을 돌려 대궐로 돌아와서 벼슬아치들에게 명령했습니다.

 "나라 안에 있는 가난한 자와 과부, 홀아비, 고아, 병든 노인 등 혼자서 살아가기 어려운 사람들을 찾아서 구휼하라!"

 고국천왕과 재상 을파소와는 뜻이 잘 맞았습니다. 현명한 왕 밑에 어진 신하가 있는 법입니다.

＊평자(評者) : 벼슬 이름.

두 임금의 아내가 된 우씨

고국천왕에겐 뒤를 이을 아들이 없었습니다. 왕이 19년 만에 갑자기 세상을 떠나자 왕후 우씨가 정치에 나설 뜻을 품게 되었습니다.

우씨는 고국천왕이 돌아갔으나 이를 비밀에 부치고 왕제 발기를 찾아갔습니다. 발기는 세상을 떠난 왕의 큰 아우였던 것입니다.

밤중에 찾아온 형수(왕후)를 보고 왕제 발기는 깜짝 놀랐습니다.

"이 밤에 어인 일이십니까?"

발기가 물었습니다. 그러자 왕후 우씨는 슬퍼하는 기색도 없이 말했습니다.

"대왕에겐 뒤를 이을 아들이 없으니 아주버님께서 계승하심이 어떨까 해서요."

발기는 의아한 눈으로 형수를 바라보았습니다.

이제 겨우 서른 대여섯 살밖에 되지 않은 왕후는 활짝

두 임금의 아내가 된 우씨 73

핀 양귀비꽃처럼 아름다웠습니다. 그러나 고국천왕이 돌아가신 것을 모르는 발기는 정색을 하고 대답했습니다.
 "왕의 자리는 하늘이 명하시는 것이므로 가볍게 의논할 일이 못 됩니다. 더욱이 여인의 밤나들이는 예의에 어긋난 짓입니다."
 왕후 우씨는 시동생 발기에게 창피를 당했다고 생각했습니다. 그래서 곧 발기의 집을 나와 왕의 둘째 아우인 연우의 집으로 찾아갔습니다.
 연우는 형수이자 왕후인 우씨가 찾아왔다는 전갈을 듣고 의관을 갖추어 맞아들였습니다.
 "이 늦은 밤에 어인 행차이십니까?"
 연우가 술자리를 베풀어 우씨를 상좌에 앉히고 대접하며 정중히 물었습니다. 그제서야 우씨는 왕이 돌아간 일을 알리고, 조금 전에 발기의 집에서 창피당한 일을 털어놓았습니다.
 "대왕께서 뒤이을 아들이 없이 돌아가셨으니 의당 왕제가 계승해야 할 터인데, 큰아주버님은 내가 요사한 마음을 품고 있다고 하여 무례하게 굴었습니다. 그리하여 아제(연우)를 보러 온 것입니다."
 이때 연우는 우씨를 위해 고기를 칼로 썰다가 손가락을 다쳤습니다. 그러자 우씨가 얼른 허리띠를 풀어서 다친 손가락을 싸매 주었습니다.
 왕후 우씨는 대궐로 돌아가기 전에 시동생 연우에게

넌지시 물었습니다.

"밤이 깊어서 뜻하지 않은 일이 생길까 두렵군요. 아제는 나를 대궐까지 바래다 주시지 않겠어요?"

이것은 연우를 유혹하는 말이었습니다. 연우는 그것을 눈치챘으나 말없이 우씨를 따랐습니다.

이튿날 새벽에 왕후 우씨는 대신들을 모아 놓고 고국천왕의 죽음을 발표한 후 대왕의 유명이라 하여 왕제 연우를 왕위에 앉혔습니다. 제 10 대 산상왕입니다. 물론 이 유명은 우씨가 꾸민 거짓말이었습니다.

이 소식을 들은 발기는 크게 노하였습니다. 그는 곧 자기가 거느린 군사로 대궐을 에워싸고 큰 소리로 외쳤습니다.

"이놈 연우야! 왕위란 형이 죽으면 아우에게 돌아가는 것이 예거늘, 너는 차례를 뛰어넘어 가로챘으니 반역이나 다름없다. 속히 나와서 사죄하지 않으면 너의 식구들을 잡아죽이겠다!"

산상왕은 사흘 동안 대궐 문을 닫아걸었습니다. 발기는 화가 나서 발버둥을 쳤지만 아무도 그를 따르는 자가 없었습니다. 이것은 어디까지나 왕실 내부의 분쟁이므로 고구려 백성들은 끼어들지 않으려고 했던 것입니다.

그래서 발기는 처자를 거느리고 요동으로 달아나 요동 태수 공손도에게 몸을 의탁하였습니다. 공손도가 발기에게 물었습니다.

"그대는 고구려의 왕족인데 무슨 일로 나를 찾아왔소?"

"예, 제 아우 연우가 형수 우씨와 공모하여 왕실의 질서를 어지럽혔습니다. 저에게 군사 3만을 빌려 주신다면 연우를 쳐서 몰아내고 왕위에 올라 태수어른의 뜻을 따르겠습니다."

이때 공손도는 고국천왕의 활약으로 요동성을 잃어버리고, 난주란 곳에 도읍을 옮겨 이를 갈면서 고구려의 허점을 엿보고 있던 중이었습니다.

"그래요? 좋소이다. 빌려 드리지요."

공손도는 그물에 걸린 고기를 놓칠까 보냐 하고 즉시 허락했습니다.

마침내 공손도는 군사 3만을 일으켜 발기를 선봉으로 삼아서 고구려의 환도성을 공격했습니다.

산상왕은 왕제 계수를 시켜서 요동군을 막게 하였습니다.

치열한 싸움이 벌어졌습니다. 요동군의 선봉장이 된 발기는 무슨 수를 써서라도 고구려 군사를 이기려고 발버둥을 쳤습니다.

그러나 발기는 용병에 능한 장수가 아니었습니다. 고국천왕 이래 역전의 용사였던 왕제 계수는 이 무능한 장수 밑에서 겁 없이 덤벼드는 요동군을 송두리째 격파해 버렸습니다.

말을 타고 도망치던 발기가 뒤쫓는 계수를 돌아보고 소리쳤습니다.

"계수야, 네가 날 죽이려 하느냐? 나는 너의 맏형이다. 그런데도 의롭지 못한 연우를 놔두고 날 죽이려 해?"

계수는 형제간의 정리 때문에 차마 발기를 죽이지는 못하고 말했습니다.

"연우가 왕실의 질서를 어지럽힌 것은 의롭지 못하지만, 그렇다고 해서 요동의 오랑캐를 끌어들여 조국을 공격하려 함은 무슨 심보입니까? 이담에 무슨 얼굴로 조상님들을 뵈렵니까?"

발기는 크게 부끄러워했습니다. 한때의 분함을 참지 못하여 외국에 빌붙어서 군대를 끌어들였으나 왕제 계수의 말에 양심이 되살아났던 것입니다.

"아! 하늘이 나를 버리시도다!"

발기는 깊이 뉘우치고 배천까지 달아나 자결하였습니다. 계수는 슬퍼하며 불운한 형의 시체를 파묻고 돌아왔습니다.

계수가 개선하자 산상왕이 형제의 예로써 맞아들이며 말했습니다.

"수고가 많았소. 한데, 외국 군대를 끌어들여 제 나라를 침범한 죄인을 쳐부순 것은 가상하나, 그를 직접 죽이지 않고 풀어놓아 자살케 한 것은 어찌된 일이오?"

왕제 계수가 눈물을 머금으며 대답했습니다.

"신의 말씀을 잘 들어 주옵소서. 왕후가 비록 선왕의 유명으로 대왕을 세웠으나, 대왕이 이를 사양하지 않으신 것은 형제의 예의에서 벗어난 일입니다. 신은 대왕의 미덕을 나타내려고 발기의 시체를 묻어 준 것인데, 이것으로 인하여 대왕의 노여움을 살 줄은 몰랐습니다. 대왕이 만일 어진 마음으로 형을 용서하고 예로써 장사지내 준다면 그 누가 대왕을 나쁘다 하겠습니까! 통촉해 주옵소서!"

산상왕은 피를 토하는 듯한 이 계수의 말을 듣고 자리를 고쳐 앉았습니다. 이윽고 왕이 부드러운 얼굴로 왕제 계수를 위로하며 말했습니다.

"과인이 불초하여 그대를 의심했는데, 이제 그대의 말을 듣고 보니 자신의 잘못을 깨달았도다. 그대는 자책하지 말라."

왕제 계수가 일어나 큰절을 올리자 산상왕도 마주 일어나 허리를 굽혔습니다. 그리고 불운하게 죽은 발기를 왕의 예로써 장사지내도록 명령하였습니다.

왕은 우씨를 세워 왕후로 삼았습니다. 비록 선왕의 아내이나, 그 여자로 말미암아 보위에 오르게 되었다고 생각했기 때문입니다.

왕후 우씨는 남자만이 세상을 좌우하던 시대에 여자의 힘이 어떠한가를 보여준 여걸이라 하겠습니다.

술통 마을*의 소녀

　산상왕은 우씨를 왕후로 삼았으나 두 사람 사이에 자식이 태어나지 않았습니다. 그런데 하루는 왕의 꿈에 하늘의 신이 나타나, "내가 너의 작은마누라로 하여금 아들을 낳게 할 터이니 근심하지 말라."라고 하였습니다.
　꿈을 깬 왕이 고개를 갸웃거리며 여러 신하에게 말했습니다.
　"과인의 꿈에 천신*이 나타나 이런 말을 했는데, 과인에겐 지금 소후(왕의 첩)가 없으니 어쩌면 좋겠소?"
　재상 을파소가 아뢰었습니다.
　"하늘의 명은 헤아릴 길이 없습니다. 대왕께선 그 명이 이루어질 때까지 기다리옵소서."
　산상왕 12년 11월에 제천*에 쓰일 돼지가 달아났습니다. 의식을 맡은 벼슬아치가 돼지를 뒤쫓아가니 주통촌으로 도망쳤습니다. '주통'이란 곧 술을 담는 나무로 된 통이니, 당시에는 이런 그릇만을 만드는 장인 마을이 있었던 모양입니다.
 돼지가 어찌나 빠르게 요리조리 피해 달아나는지 벼슬아치는 숨이 턱에 찼습니다. 바로 그때 한 소녀가 돼지를 앞질러 가서 길을 막고 잡았습니다.
 "자, 여기 있어요, 돼지."
 소녀가 말했습니다. 벼슬아치가 바라보니 나이 겨우 스무 살쯤 돼 보이는 예쁜 처녀였습니다.
 "고맙소!"
 벼슬아치는 이마에 흐르는 땀을 씻으며 대답했습니다.
 이 사건은 산상왕의 귀에까지 들어갔습니다. 이상하게 호기심이 움직인 왕은 그 소녀를 만나 보고 싶어졌습니다.
 그날 밤에 왕은 술통 마을로 미행했습니다. 따르는 자는 왕을 가까이서 모시는 내관 둘뿐이었습니다.
 소녀의 집에서는 왕이 온 것을 알고 몸둘 바를 몰라했습니다. 방으로 안내된 왕은 소녀를 불러오도록 일렀습니다.
 이윽고 방문을 살며시 열고 소녀가 들어왔습니다. 얼굴은 볕에 타 가무스름하지만 총명하게 생긴 건강한 소녀였습니다. 왕이 가까이 불러앉히고 손목을 잡으려 했습니다.
 "이러시면 안됩니다."
 소녀가 결연히 말했습니다.

왕은 그럴수록 소녀가 아름다워 보였습니다. 대궐에 있는 여자들처럼 간드러진 교태는 나타내 보이지 않았지만, 대지의 딸 같은 믿음직스러운 정숙함이 있었기 때문입니다.
"과인의 말을 들으라."
왕이 얼굴을 부드럽히며 달랬습니다.
이날 밤에 산상왕은 소녀의 집에서 잤습니다. 소녀가 왕의 품에 안겨서 간청했습니다.
"저는 감히 대왕의 명을 어길 수 없어서 몸을 맡겼사오나, 저에게 아기가 생기거든 저버리지 마옵소서!"
"알았도다."
왕은 짧게 대답하고 그 집을 나섰습니다.

이듬해 봄에 왕후 우씨가 이 사실을 알고 투기심이 일어났습니다.
"곧 가서 술통 마을의 천한 계집을 잡아죽이고 오너라!"
왕후가 군졸들에게 명령했습니다. 비록 나이는 들었지만 왕후는 자기의 공을 잊어버리고 천한 여자와 관계한 산상왕이 괘씸해서 견딜 수가 없었던 것입니다.
왕후의 군졸들이 잡으러 온다는 소식을 들은 소녀는 남장을 하고 도망쳤습니다. 몸이 튼실해서 남자옷을 입어도 썩 어울려 보였습니다.

"게 섰거라!"

왕후가 보낸 군졸들이 소리쳤습니다. 그러자 소녀가 무슨 생각을 했는지 달아나던 걸음을 멈추고 홱 돌아서서 물었습니다.

"너희가 지금 나를 죽이려 함은 왕이 명령이냐, 왕후의 명령이냐?"

허를 찔린 군졸들은 우뚝 멈춰 섰습니다. 소녀의 몸에서 알 수 없는 위엄이 풍기는 걸 느꼈습니다. 군졸들의 우두머리가 대답했습니다.

"왕후마마의 명령이십니다."

"지금 내 뱃속에는 대왕의 아기씨가 자라고 있다. 내 몸을 죽이는 것은 가하지만 대왕의 아기씨까지 죽이려 함이 무슨 죄인 줄 너희들은 알고 있느냐?"

군졸들은 완전히 기가 꺾였습니다. 대왕의 아기, 곧 왕자를 죽이려 함은 반역죄에 해당하기 때문입니다.

군졸들에게 이 얘기를 들은 왕후 우씨는 펄펄뛰었습니다. 술통 마을의 천한 여자아이한테 수모를 당했다고 생각했기 때문입니다.

그러나 이것은 그토록 자존심이 강한 우씨로서도 어쩔 수 없는 일이었습니다. 산상왕과의 사이에 왕자를 낳지 못하고 이미 자신이 늙었음을 깨달았기 때문입니다.

9월에 술통 마을의 소녀가 아들을 낳았습니다. 산상왕은 기뻐하여, "하늘이 나에게 사자(대를 이을 아들)를 주

셨도다!" 하고 소리쳤습니다. 아기의 이름을 '교체(郊
豨)'라고 지었습니다. 교체란 하늘에 제사지내는 데 쓰이
는 돼지를 말함인데, 바로 그 돼지가 달아난 일 때문에
왕이 술통 마을의 처녀를 알게 되었기 때문입니다.

＊술통 마을 : "삼국사기"에는 '주통촌(酒桶村)'으로 썩어 있다.
  나무로 술통을 만들어 살아가는 장인들의 마을인 듯하여 이렇
  게 옮겼다.
＊천신(天神) : 하늘의 신.
＊제천(祭天) : 하늘에 제사지내는 일. 고구려에서는 해마다 음력
  10월에 제천 의식을 거행했다고 함.

섶들에 묻힌 동천왕

　산상왕 31년 5월에 왕이 돌아가고 태자 교체가 그 뒤를 이었습니다. 그가 제 11 대 동천왕으로, 술통 마을의 소녀가 낳은 왕자입니다.
　동천왕은 마음이 너그럽고 어진 임금이었습니다. 21년 동안 나라를 다스렸으나 한 번도 성을 낸 적이 없었습니다. 아마도 그가 미천한 어머니의 몸에서 태어났기에 일찍부터 겸손이란 미덕을 터득했는지도 모릅니다.
　하루는 왕후 우씨가 동천왕의 마음을 시험해 보고자 사람을 시켜서 왕이 타는 말의 갈기를 잘랐습니다.
　그 말은 왕의 애마였던 것입니다. 그러나 왕은 꼴불견이 된 말을 보고, "말에게 갈기가 없으니 불쌍하구나!" 하고 말했을 뿐입니다.
　그래서 짓궂은 왕후는 다시 한 번 시험해 보려고 수라상을 올리는 나인을 시켜서 왕의 옷에 국을 엎지르게 하였습니다.

뜨거운 국물을 왕의 옷에 엎질렀으니 마땅히 나인의 죄를 물어야 할 터인데도 왕은, "옷을 갈아입어야겠다." 하고 말했을 뿐, 더 이상 나인의 잘못을 거론하지 않았습니다.

왕은 이렇게 너그럽고 인자한 마음으로 나라를 다스렸기 때문에, 백성들이 친부모를 대하듯이 따랐습니다.

동천왕 2년 3월에 우씨를 봉하여 왕태후로 삼았습니다.

동천왕 8년 가을에 왕태후 우씨가 세상을 떠났습니다. 왕은 진심으로 슬퍼하며 장사를 모셨습니다.

태후가 임종하기 직전에 왕의 옷깃을 잡고 유언을 했습니다.

"내가 여자로서의 행실을 잘못했으니 무슨 낯으로 고국천왕을 지하에서 뵙겠소. 그러므로 왕은 여러 신하들과 의논하여 내 시신을 산상왕 곁에 묻어 주시오."

"알아 모시겠습니다, 태후마마!"

동천왕은 엎드려 울면서 대답했습니다. 한때는 당신의 친어머니인 소후(술통 마을 소녀)를 죽이려고까지 한 태후였으나, 왕은 인자하고 효성스러운 사람이라 죽음을 앞둔 태후를 용서하고 슬퍼했던 것입니다.

왕이 세상을 떠난 것은 자리에 오른 지 스물두 해 만의 일입니다. 평소에 왕의 너그러운 다스림에 은혜를 입은 백성들은 슬퍼하지 않는 사람이 없었습니다.

또 가까이 모시던 신하들 중에는 왕을 따라서 순사하려는 자가 많았습니다. 순사란 곧 따라서 자결하는 일을 말함인데, 동천왕의 태자가 엄한 명령으로 이것을 말렸을 정도였습니다.

그럼에도 불구하고 국장을 모시는 날에 동천왕의 능 앞에 와서 순사하는 자가 줄을 이었으며, 얼마나 많은지 모인 사람들이 섶(잎이 달린 풋나무)을 베어 시체를 덮어 주어야 할 정도였습니다.

이 일로 말미암아 왕이 묻힌 곳을 시원(柴原)이라 불렀습니다. 시원은 곧 섶들, 섶으로 덮인 들이란 뜻입니다.

충의의 용사 밀우와 유유

　동천왕은 대단히 인자하고 성실한 임금이었으나 그의 치세는 결코 평화롭지만은 않았습니다. 그 까닭은 중국으로부터의 외침이 끊이지 않았기 때문인데, 왕은 다른 민족의 침략에 대해서만은 언제나 단호했습니다.
　중국은 이때 한나라가 망하고 위·오·촉 등 세 나라가 중원의 주도권을 놓고 다투고 있는 중이었습니다. 말하자면 3국 시대인데, 고구려는 이 세 나라 중에서도 중국의 북서쪽에서 패권을 쥔 위나라와 싸움이 잦았습니다.
　동천왕 20년 8월에 위나라 유주 자사 관구검*이 대군을 거느리고 고구려를 침공하였습니다. 왕은 즉시 보병과 기병 2만을 거느리고 비류수(혼강 상류) 강변에서 이를 맞아 싸웠으며, 격전 끝에 적병 3천을 목베고 도망치는 적군을 추격하여 양맥 골짜기에서 격파하였습니다. 이때 포로로 잡은 적병도 3천 명에 달합니다.

"위나라의 대군이 우리의 적은 군사만 같지 못하다. 관구검은 위나라의 명장이지만 그의 목숨은 지금 아군 손안에 있다!"

동천왕은 승리를 환호하는 여러 장수들에게 칼을 높이 들고 외쳤습니다.

그러나 이때 동천왕은 위나라 군사의 힘을 너무 가볍게 보았던 모양입니다. 일단 현도성으로 후퇴한 관구검은 패잔병을 수습한 후 방진*을 치고 결사적으로 대들었습니다. 동천왕은 갑옷을 입힌 기병 5천을 거느리고 나가서 싸웠으나 크게 패하여 겨우 1천 기(騎)만 데리고 압록벌로 달아났습니다.

10월에 환도성이 함락되자 동천왕은 남옥저(함경남도 문천 지방)로 달아났습니다. 관구검이 보낸 현도 태수 왕기가 왕을 추격했습니다.

왕이 죽령(함경남도 황초령)에 다다르니 뒤따르던 군사가 다 흩어지고 오직 동부의 밀우 한 사람만 남았습니다.

밀우가 왕에게 아뢰었습니다.

"지금 추격하는 군사들이 바짝 다가와 형세가 매우 위급합니다. 신이 죽기를 작정하고 적을 막겠사오니 대왕께서는 그 틈을 타 도망치소서!"

밀우는 결사대를 모집하여 밀려오는 적군 속에 뛰어들어 열렬히 싸웠습니다. 그러는 사이에 왕은 샛길로 몸을 피하여 산골짜기로 들어가 흩어진 군사들을 모아 놓고 말했습니다.

"누구든지 적진에 들어가서 밀우를 구해 오는 자가 있으면 큰 상을 주리라!"

하부의 유옥구란 자가 앞으로 나와 아뢰었습니다.

"신이 가겠습니다."

유옥구는 말하기가 무섭게 싸움터로 달려갔습니다. 온몸에 상처를 입은 밀우는 땅바닥에 쓰러져 있었습니다. 유옥구가 밀우를 들쳐업고 왕의 진영으로 돌아왔습니다.

"수고가 많았다!"

왕이 유옥구의 용기를 칭찬했습니다.

밀우는 왕이 무릎을 베어 주고 간호하자 여러 시간 만에 깨어났습니다.

"과인이 무엇으로 그대의 은공을 갚으리."

왕은 죽음에서 깨어난 밀우의 이마를 쓰다듬어 주었습니다.

동천왕은 얼마 안 되는 군사를 데리고 샛길로 돌아 남옥저에 다다랐습니다. 위군의 추격은 아직도 계속되고 있었습니다. 계책도 바닥이 나고 형세가 꿀린 왕은 어찌할 바를 몰랐습니다.

왕이 넋없이 앉아 있자 동부 사람 유유가 나와서 아뢰었습니다.

충의의 용사 밀우와 유유

"사세가 매우 위급하나 이대로 죽을 수는 없습니다. 신에게 계교가 있사오니 허락해 주옵소서!"

"계교가 있다니?……말해 보오."

유유가 왕 앞으로 다가앉으며 나직이 말했습니다.

"지금 적은 승전에 도취하여 잔뜩 교만해져 있습니다. 신이 먹을 것을 가지고 위군의 진영을 찾아가서 대접하는 척하다가 적장을 찔러 죽이겠습니다. 만일 신의 계교가 성공한다면 대왕께서는 즉시 적을 쳐부수어 승리를 결정하옵소서."

"좋다! 그대의 계교대로 하리라."

왕이 허락하자 유유는 맛난 음식을 가지고 위군의 진영으로 찾아갔습니다.

"누구냐? 손들엇!"

위군의 보초병이 소리쳤습니다. 유유는 겁내지 않고 다가가서, "고구려 왕의 사자로 온 사람이오." 하고 말했습니다. 보초병이 그를 위나라 장수 앞으로 인도했습니다.

"무슨 일로 찾아왔나?"

장수가 거드름을 피우며 물었습니다. 유유는 그 장수 앞에 꿇어 엎드려 가져온 음식의 보자기를 풀고 아뢰었습니다.

"저희 임금이 대국에 죄를 짓고 바닷가로 도망쳤으나 몸둘 곳이 없어서 장차 장군을 찾아뵙고 항복을 청하시겠다 하옵니다."
"그래서?······"
귀가 솔깃해진 위나라 장수가 유유의 말을 재촉했습니다.
"그러기에 앞서 소신을 보내어 장군께 맛난 음식을 드리라고 하여 가지고 왔습니다."
맛난 음식이란 말에 장수의 눈이 번쩍 빛났습니다. 위군도 오랜 싸움으로 굶주리고 있었기 때문입니다.
장수가 자리에서 일어나 음식이 있는 곳으로 다가왔을 때, 유유는 재빨리 그릇 속에 숨긴 칼을 빼들고 그의 가슴을 찔렀습니다.
"으악!······"
치명상을 입은 장수가 앞으로 고꾸라지며 비명을 올렸습니다. 막사 밖에 서 있던 파수병이 달려들었습니다. 유유는 침착하게 덤벼드는 파수병 두엇을 칼로 쳐 쓰러뜨리고는 자결했습니다.
장수를 잃어버린 위군의 진영은 대번에 어지러워졌습니다. 기회를 노리던 동천왕이 군사를 세 길로 나누어 급히 치니 위군은 진을 이루지 못하고 낙랑(평안도) 쪽으로 퇴각해 버렸습니다.

동천왕이 나라를 회복하고 전공을 논할 때 충의의 용사 밀우와 유유의 공을 제일로 꼽았습니다. 밀우에겐 큰

골짜기와 푸른 나무 골짜기의 땅을 내려 주고, 전사한 유유에게는 벼슬을 추증하여 구사자*로 삼았습니다. 또 용감한 전사 유옥구에게도 압록강변의 두누갯벌을 주어 식읍으로 삼게 하였습니다.

---

*관구검(毌丘儉) : 위나라의 명장. 함경남도 안변(불내성)에 그의 전승 기념비를 세웠다.
*방진(方陣) : 군사를 네 모퉁이에 배치한 4각형의 진.
*구사자(九使者) : 고구려 14관등 중 제4관등. 대부사자.

머리카락이 긴 관나부인

 동천왕이 세상을 떠나자 그의 아들 연불이 뒤를 이었습니다. 제 12 대 중천왕입니다. 즉위하던 해 10월에 연씨를 왕후로 맞아들였습니다.
 중천왕에게는 총애하는 부인 한 사람이 있었습니다. 이름이 관나라고 하는 그 부인은 얼굴이 복사꽃처럼 아름답고 머리카락의 길이가 아홉 자나 되어, 왕은 장차 그 여자를 소후로 삼을 생각이었습니다.
 왕후 연씨가 관나부인에게 왕의 총애를 다 빼앗길까 염려하여 이렇게 아뢰었습니다.
 "신첩이 들으니, 위나라에서는 지금 천금을 주고 긴 머리 가진 여인을 구한다고 하옵니다. 전날에 우리 선왕(동천왕)이 중국에 예빙*을 보내지 않았기 때문에 병화(전쟁으로 말미암은 화)를 입고 나라를 잃을 뻔하였습니다. 지금 위나라로 가는 사신 편에 장발 미인을 보낸다면 기꺼이 받아들이고 다시는 우리 나라를 침공하지 않을 것입니다."

 왕은 그 말의 뜻을 알아들었으나 잠자코 대답하지 않았습니다.

 이 얘기는 관나부인의 귀에도 들어갔습니다. 관나부인은 자기에게 해가 미칠까 두려워 역으로 왕후를 참소했습니다.

 관나부인이 왕 앞에 나아가 고개를 숙이고 아양을 부리며 아뢰었습니다.

 "마마! 왕후께옵서 항상 신첩을 꾸짖으시길 '시골 계집이 감히 여기가 어디라고 있으려 하느냐? 네 집으로 돌아가지 않으면 후회가 있으리라!' 하십니다. 짐작건대 왕후께서는 마마의 외출을 틈타 저를 해치실 모양입니다. 저는 어찌하면 좋으리까? 살려 주옵소서, 마마!"

 관나부인은 구슬 같은 눈물까지 흘려 보였습니다.

 어느 날, 왕이 사냥에서 돌아오니 관나부인이 가죽 부대를 들고 나와 맞으며 아뢰었습니다.

 "왕후께서 신첩을 이 주머니에 가두고 바다에 버리려 하십니다. 신첩을 제 집으로 돌아가게 해주옵소서!"

 관나부인은 대성 통곡을 하였습니다.

 그러나 중천왕은 부인의 말이 거짓임을 알고 있었습니다. 똑바로 눈을 들어 관나부인을 노려본 다음 왕이 입을 열었습니다.

 "네가 정말 바닷속에 들어가려 하는구나!"

머리카락이 긴 관나부인　95

왕이 그녀의 말대로 가죽 부대에 넣어 바다에 던지라고 명령했습니다.

관나부인은 머리카락은 길고 아름다웠으나 그 머릿속에 든 생각은 지혜롭지 못한 여인인 것 같습니다.

＊예빙(禮聘) : 예로써 사자를 보내고 선물을 바침.

결단력이 뛰어난 서천왕

중천왕이 돌아가고 둘째 아들 약로가 그 뒤를 이으니 제13대 서천왕입니다.

서천왕은 성품이 어질고 총명하여 백성들이 존경하고 사랑하였습니다. 즉위 이듬해 7월에 국상(재상) 음우가 세상을 떠나자 그의 아들 상루를 세워 국상으로 삼았습니다.

서천왕 11년 10월에 숙신*이 고구려의 변경에 침입하여 백성들을 죽였습니다. 왕이 신하들에게 말했습니다.

"과인이 어린 몸으로 왕업을 이었으나 덕이 부족하고 위엄을 떨치지 못하여 적으로 하여금 우리의 강역을 침범케 하였소. 지략이 있는 신하와 용맹한 장수를 얻어서 적을 격파하고 싶으니 그대들은 사령관이 될 만한 인재를 천거하시오."

신하들이 의논하고 아뢰었습니다.

"왕제 달가는 지략과 용기가 있어 능히 대장이 될 만

한 인물입니다."

왕이 곧 달가에게 사람을 보내어, 군사를 거느리고 나가서 치라고 명령하였습니다.

달가는 용병에 능한 장수였습니다. 기묘한 계교로 적의 소굴을 급습하여 단로성을 빼앗고 숙신의 추장을 잡아죽였습니다.

그런 다음 적의 주민 6백여 가구를 부여 남쪽의 오천으로 옮기고, 적의 부락 일곱 군데를 항복받아 부용(속국)으로 삼았습니다.

개선한 달가장군을 맞아서 왕은 크게 기뻐하였습니다. 달가를 안국군으로 봉하고 나라 안팎의 군사를 맡겨, 양맥·숙신 등 여러 부락을 통솔케 하였습니다.

서천왕 17년 2월에 왕제 일우, 소발 등 두 사람이 모반하여 거짓으로 병을 칭탁하고, 온천에 가서 패거리와 더불어 노닥거리면서 패역한 말을 퍼뜨렸습니다.

왕이 그들을 거짓 계교로 불렀습니다.

"그대들을 국상으로 삼을 테니 입궐하라."

경망한 그들이 오자, 왕이 역사(힘센 장사)를 시켜서 잡아죽였습니다.

---

*숙신(肅愼) : 여진·말갈의 전신으로 만주와 연해주 방면에 퍼져 살던 퉁구스족.

포악한 왕을 갈아치운 창조리

서천왕이 돌아가자 그의 아들 상부가 뒤를 이었습니다. 제14대 봉상왕입니다.

봉상왕은 어릴 때부터 교만하고 시기심이 많았습니다. 즉위한 지 얼마 안 되어 안국군 달가를 죽였습니다. 달가는 항렬로 볼 때 봉상왕의 숙부요, 나라에 공이 많은 장군인데, 왕이 시기하여 모살한 것입니다. 슬픔에 잠긴 백성들은, "안국군이 아니면 그 누가 우리를 숙신의 난에서 구해 주었으리요!" 하고 울면서 조문했습니다.

9월에 지진이 있었습니다.

이듬해 여름에 선비족의 괴수 모용외가 쳐들어왔습니다. 안국군이 두려워 고구려를 넘보지 못했었는데, 안국군이 죽었다는 소문을 듣고 내침한 것입니다.

그때 봉상왕은 서울(국내성)을 떠나 신성으로 가던 참이었으며, 모용외가 이것을 알고 뒤쫓아왔습니다. 왕은 크게 두려워했습니다.

다행히도 북부 소형 고노자가 기병을 거느리고 왕을 맞으러 가다가 적군과 마주쳐, 힘껏 싸워서 모용외의 군사를 물리쳤습니다. 왕은 기뻐하여 고노자에게 대형 벼슬을 내려 주었습니다.

봉상왕은 의심도 많았습니다. 서천왕의 둘째 아들이자 그의 아우인 돌고가 반역하려는 마음을 품었다 하여 죽음을 내렸습니다. 백성들은 돌고에게 죄가 없음을 알고 슬퍼했으며, 돌고의 아들 을불은 생명에 위협을 느끼고 달아났습니다.

봉상왕 5년 8월에 모용외가 또 쳐들어왔습니다. 오랑캐들은 서천왕의 무덤을 파헤치고 노략질을 했습니다. 그러나 무덤을 파던 인부 중 갑자기 죽는 자가 생기고 그 속에서 이상한 소리가 나기에 귀신이 있는 줄로 알고 물러갔습니다.

왕이 여러 신하에게 물었습니다.

"모용외의 무리는 군사와 말이 매우 강하여 우리 고구려 땅을 여러 차례 침범했소. 어쩌면 좋겠소?"

국상 창조리가 아뢰었습니다.

"북부 대형 고노자가 어질고 용맹합니다. 대왕께서 적군을 물리치고 백성들을 편안케 하려면 그를 불러서 싸우게 하소서."

왕이 고노자를 신성 태수로 삼자 그는 선정을 베풀어 백성들을 편안하게 했습니다. 이로부터 모용외는 고구려를 함부로 넘보지 않았습니다.

 봉상왕 7년 가을에 왕이 대궐을 증축하고 온갖 사치를 누리려고 했습니다. 연이은 흉년으로 백성들은 굶주리고 헐벗었는데 왕은 신하들이 간해도 듣지 않았습니다.
 왕 8년 9월에 봉산*에서 귀신이 울고 떠돌이별이 달을 침범했습니다. 12월에는 우레와 지진이 일어났습니다.
 왕 9년 2월부터 7월까지 비가 오지 않아 흉년이 들었으며, 굶주린 백성들이 서로 잡아먹을 지경에 이르렀습니다.
 그럼에도 왕은 15세 이상의 젊은이들을 징발하여 대궐을 수리하게 시켰습니다. 배가 고프고 일에 지쳐서 도망치는 자가 수없이 많았습니다.
 국상 창조리가 보다못해서 왕을 간하였습니다.
 "천재지변이 연달아 일어나고 흉년이 들어서 집을 떠나 먼 곳으로 떠도는 자가 많습니다. 늙은이와 아이들이 구렁텅이에 빠지니 이때야말로 하늘을 두려워하고 곤궁한 자들을 보살필 때입니다. 그럼에도 대왕께서는 백성들의 어려움은 돌보지 않으시고, 주린 자들을 휘몰아 토목 일로 괴롭히고 계십니다. 이는 백성의 부모가 되는 왕이 할 짓이 아닙니다. 통촉하옵소서!"
 "뭣이라고? ……"
 창조리의 말이 끝나기가 무섭게 봉상왕이 눈을 부라리

며 소리쳤습니다.

"왕이란 백성들이 우러러보는 자리요. 대궐이 화려하고 웅장하지 못하면 백성들에게 위엄을 보일 수 없소. 지금 국상은 과인을 비방하여 백성들의 칭찬을 듣고자 하는 거요?"

왕은 입을 비쭉거리며 창조리를 노려보았습니다. "네 놈이 날 훈계해?" 하는 투였습니다.

창조리가 마음을 가라앉히고 대답했습니다.

"임금이 백성을 구하지 않으면 인(仁)*이 아니요, 신하가 임금을 간하지 않으면 충(忠)*이 아니라고 했습니다. 신이 대왕께 국상의 벼슬을 받은 지 오래이므로 말씀드리지 않을 수 없습니다. 어찌 칭찬받고자 해서이겠습니까."

왕이 웃으며 말했습니다.

"국상은 백성을 위해서 죽으려 하는 것이오? 더 이상 아무 말도 하지 마오."

창조리는 왕이 자기 잘못을 고치려 하지 않음을 알고 궐 밖으로 나와서 여러 신하들과 의논했습니다. 모두가 봉상왕을 폐하는 일에 동의했습니다.

창조리가 죽은 돌고의 아들 을불왕자를 모셔다가 새로운 왕으로 삼았습니다. 제 15 대 미천왕입니다.

왕위에서 쫓겨난 봉상왕은 화를 면하지 못할 줄 알고 스스로 목매어 죽었으며, 그의 두 아들도 따라서 죽었습니다. 교만하고 시기심 많은 포악한 왕의 말로는 이러했습니다.

---

*봉산(烽山) : 봉화를 올리는 산. 봉수산.
*인(仁) : 유교의 가르침으로 어질고 착한 것.
*충(忠) : 나라와 임금에 대한 충성.

왕이 된 소금 장수

 무도한 봉상왕이 아버지를 죽이자 돌고의 아들 을불 왕자는 수실촌이란 마을로 도망쳤습니다. 서울에서 멀리 떨어진 수실촌은 외진 시골이었고, 을불이 누구인가를 알아보는 사람은 아무도 없었습니다.
 을불은 처음 음무란 사람의 집에서 머슴살이를 했습니다. 오랫동안 숨을 곳을 찾아서 헤맸기 때문에 옷은 찢어지고 얼굴도 볕에 그을어 음무는 을불을 알아보지 못하고 심하게 부렸습니다. 낮에는 밭에서 마소처럼 일을 시키고, 밤이면 개구리가 우글거리는 연못 가에 앉아 밤새도록 돌을 던지라고 시켰습니다. 개구리 우는 소리가 시끄러웠기 때문이지요.
 그리하여 을불은 잠시도 쉴 틈이 없었습니다. 주는 음식도 신통치 않아 을불의 몸과 얼굴은 날로 여위었습니다.
 을불은 음무의 집에서 만 1년을 있었습니다. 더없이

비참한 머슴살이였으나 갈 곳이 없는 그로서는 하는 수가 없었습니다.

그러다가 을불은 그 집에서 나왔습니다. 이웃 마을에 사는 재무란 사람이 소금 장수를 하자고 꾀었기 때문입니다. 배를 타고 압록강을 오르내리며 부락에 들러 소금을 파는 소금 장수——음무의 집에서의 고된 머슴살이 보다는 그쪽이 나을 것 같아 을불은 재무를 따라 나섰습니다.

"소금 사아려, 소금!"

을불은 열심히 소금을 팔며 다녔습니다. 밑천도 조금씩 늘어났습니다.

어느 날, 압록강 동쪽에 있는 사목촌 사람의 집에서 머물렀을 때의 일입니다. 그 집 노파가 소금을 조금 달라고 청했습니다. 한 말 가량을 주었습니다.

"조금 더 줘요, 젊은이."

노파가 떼를 썼습니다.

"안 됩니다, 할머니. 이것은 팔 물건이에요."

을불은 알아들을 수 있게 거절했습니다. 욕심쟁이 노파는 시큰둥한 표정을 지었습니다.

그날 저녁, 노파는 을불의 소금짐 속에 자기의 신을 몰래 숨겨 넣었습니다. 을불은 그것도 모르고 날이 새자 장삿길을 떠났습니다.

"소금 사아려, 소금!"

을불이 어떤 마을의 어귀에 다다랐을 때입니다. 뒤쫓아온 노파가 을불을 붙잡고, "이 배은 망덕한 도둑놈아!" 하고 소리쳤습니다.

"할머니, 왜 이러십니까?"

"왜 이래? 네놈이 내 집에서 신을 훔쳐 가지 않았느냐!"

영문을 모르는 을불은 그런 적이 없다고 변명했지만, 노파는 을불의 멱살을 거머쥐고 관가로 끌고 갔습니다.

을불은 결국 노파에게 고소를 당했으며, 벼슬아치가 그 여자의 말대로 소금짐을 뒤져 보니 신이 나왔습니다.

"네 이놈! 도둑질을 하고도 안 했다고 발버둥을 쳐?"

고을 원이 호통을 쳤습니다.

을불은 노파의 신을 훔친 죄로 곤장 30대를 맞았고, 또 훔친 신발 값으로 가진 소금 전부를 노파에게 주어야만 했습니다.

이제 을불은 땡전 한푼 없는 빈털터리가 되었습니다. 옷은 너덜너덜 해지고, 얼굴은 여위어 동냥아치처럼 되었습니다. 그가 한 나라의 왕손이었음을 알아볼 만한 자취는 아무것도 남지 않았습니다.

이때 서울에서는 국상 창조리가 포악한 왕을 폐하고 멀리 도망친 을불왕자를 모셔다가 새 임금에 앉힐 거사를 꾸미고 있는 중이었습니다. 창조리가 북부의 조불과 동부의 숙우 등 대신들을 모아 놓고 말했습니다.

"방법은 하나밖에 없소. 대왕이 잘못을 뉘우치지 않고 날로 포악해지니 새로운 임금을 세워서 나라의 기강을 바로잡아야 하오."

두 사람 모두 이의가 없었습니다.

"누구를 세워야 하오리까?"

조불이 물었습니다.

"서천왕의 둘째 왕자 돌고의 아들인 을불이 좋겠소."

"을불은 행방을 모르지 않습니까?"

숙우가 말했습니다.

"그렇소. 어디로 갔는지 알 수 없으나 반드시 찾아내어 모시고 오시오. 대왕의 포악으로 왕통이 끊어질 지경에 이르렀으니 을불왕자밖에 없소."

이리하여 숙우가 을불을 찾으러 나섰습니다.

을불은 이때 몸도 마음도 지쳐서 마을 밖의 당나무 아래서 쉬고 있었습니다. 이상한 떠돌이가 있다는 소문을 들은 숙우가 먼 길을 돌아서 그곳까지 찾아왔습니다.

까치집을 짓듯이 멋대로 자란 머리카락, 때가 낀 얼굴, 멍하니 넋을 잃은 듯한 눈동자──이 사람이 을불왕자인가 생각하니 기가 막혔습니다.

"을불왕자님!"

숙우가 불렀습니다. 그러나 을불은 눈을 가늘게 뜨고

일어나 고개를 돌렸습니다.
 "사람을 잘못 보셨소이다. 나는 왕자가 아니오."
 하도 각박한 인심에 고초를 겪었던 울불은 자기의 신분을 알아보는 사람이 두려웠던 것입니다.
 "아닙니다. 당신은 틀림없는 을불왕자님이십니다. 지금 상(왕)께서는 인심을 잃은 지 오래 되어 여러 신하들이 의논하여 모시러 왔사오니 의심치 마옵소서."
 숙우가 말했습니다. 그는 이미 동냥아치가 된 이 젊은이의 모습 속에서 왕손으로서의 고귀한 기품을 엿보았던 것입니다.
 그럼에도 을불은 숙우의 말에 따르려 하지 않았습니다. 이 벼슬아치가 자기를 데려가서 죽이지나 않을까 하는 염려도 없지 않았으나, 무고한 백성들의 머리 위에 올라앉아 포악을 부리는 임금이란 자리가 내키지 않았던 것입니다.
 숙우가 다시 간절한 말로써 을불을 달랬습니다.
 "시방 고구려 백성들은 어진 임금의 나타나심을 고대하고 있습니다. 저희와 함께 대궐로 돌아가셔서 보위에 올라 주옵소서!"
 숙우는 눈물을 흘리면서 아뢰었습니다. 그를 따라온 여러 사람들도 땅바닥에 무릎을 꿇고 간청했습니다.
 드디어 을불왕자가 자리에서 일어섰습니다. 이것을 본 무리들은 손뼉을 치며 좋아했습니다.

소식을 들은 국상 창조리는 을불왕자를 대궐 밖의 여염집에 모셔 두고 때를 기다렸습니다.

봉상왕 9년 가을에 왕이 후산 북쪽으로 사냥을 떠났습니다. 창조리가 왕을 따르는 신하와 병사들에게 말했습니다.

"나와 뜻을 같이하는 자는 내가 하는 대로 따라 하라!"

창조리는 갈잎 하나를 뽑아서 관모에 꽂았습니다. 신하와 병사들도 일제히 갈대를 뽑아 관모에 꽂았습니다.

이것을 본 창조리는 여러 사람의 마음이 일치됨을 알고 봉상왕을 잡아서 행궁(임금이 거둥할 때에 묵던 별장) 안에 가두었습니다. 그런 다음에 을불왕자를 모셔다가 옥새를 바치고 왕위에 오르게 하니, 그가 곧 미천왕입니다.

미천왕은 그가 하고 싶어서 머슴살이와 소금 장수를 하고 왕이 된 것은 아닙니다. 포악한 왕 때문에 아버지를 잃어버리고 온갖 고생 끝에 백성들의 요청으로 왕위에 올랐던 것입니다. 그래선지 미천왕은 백성들을 소중히 여기고 잘 다스렸으며, 모용씨·우문씨 등 선비족의 잦은 외침에도 슬기롭게 대처하여 고구려의 세력을 나라 안팎에 크게 떨쳤습니다.

화살을 맞고 전사한 고국원왕

　명군 미천왕이 세상을 떠나자 그의 아들 사유가 뒤를 이었습니다. 제 16 대 고국원왕입니다.
　고국원왕의 치세는 처음 몇 년을 제외하고는 주변의 강한 나라들로부터의 외침으로 인한 전란의 시대였습니다.
　고국원왕 9년에 모용외의 아들 모용황이 군사를 휘몰아 신성으로 쳐들어왔습니다. 다급한 왕은 침략자에게 화친을 요청하고, 이듬해 봄에 왕자를 보내어 연 왕(모용황이 이때 연나라 왕을 자칭했음)을 찾아뵙도록 하였습니다.
　왕 12년 2월에 환도성을 수리하고 국내성을 쌓았습니다. 장차의 일에 대비하여 왕이 고쳐 지은 환도성으로 거처를 옮겼습니다.
　그해 11월에 연 왕 모용황이 날랜 군사를 이끌고 다시 고구려로 쳐들어왔습니다.
　모용황은 진격하기 전에 장수들을 모아 놓고 전략을

지시했습니다.

"고구려로 쳐들어가려면 남쪽과 북쪽 두 갈래의 길이 있다. 남쪽 길은 험하고 북쪽 길은 넓고 평탄하다. 고구려 왕은 필연코 우리가 넓은 북쪽 길로 쳐들어갈 것으로 예상하고 있을 것이다. 그러므로 빠른 군사를 거느리고 남쪽 길로 나가다가 갑자기 북쪽 길로 돌아서 공격하면 환도성은 맥없이 무너지고 말 것이다. 알겠느냐?"

"예, 명령대로 실행하겠습니다."

모용황은 친히 정병 4만을 거느리고 험한 남쪽 길로 진격했습니다. 그리고 장군 왕우에게 군사 1만 5천을 주어 평탄한 북쪽 길로 쳐들어가라고 명령했습니다.

과연 모용황의 전략은 딱 들어맞았습니다. 고국원왕은 연나라 군사들이 넓은 북쪽 길을 놔두고 좁고 험한 남쪽 길로 쳐들어올 리는 없다고 생각한 것입니다.

그리하여 고국원왕은 왕제 무(武)에게 정병 5만을 주어 북쪽 길을 막게 하고, 자신은 약간의 병사들을 거느리고 남쪽 길을 방어하였습니다.

모용황의 대군이 약세가 지키는 남쪽 길로 쳐들어오자 고구려군은 눈사태처럼 무너지고 말았습니다. 연나라 장군 한수는 끈질기게 저항하는 고구려의 아불화도가 장군을 단칼에 베고 환도성으로 물밀듯이 쳐들어갔습니다.

이리하여 유리왕이 도읍으로 정한 후 영화를 누려 오던 환도성(위나암성)은 하루아침에 짓밟히고 말았습니다.

불탄 집터에 앉아 통곡하는 여자들과 아이들의 울음 소리가 하늘과 땅에 메아리쳤습니다.

"아, 단 한 번의 실수로 삼백 년 동안 이어 오던 영화로운 사직을 오랑캐의 말발굽 아래 짓밟히게 내주다니!
……"

고국원왕은 탄식하고 사나운 곰도 나다니지 않는다는 단웅 골짜기로 몸을 피했습니다. 뒤따르는 신하 하나 없었습니다. 실로 고구려의 위기가 아닐 수 없었습니다.

한편 5만의 날랜 병사를 이끌고 북쪽 길로 나아간 왕제 무는 장군 왕우가 거느린 연나라 병사들을 모조리 격파했습니다. 패전의 소식을 들은 연 왕 모용황은 더 이상 고구려군을 추격하지 않고, 단웅 골짜기에 숨은 고국원왕에게 나오라고 권했습니다.

"고구려 왕은 나와서 항복하라. 환도성은 이미 폐허가 되었으며 그 안의 백성들도 까마귀 밥이 되었도다. 나 연 왕이 그대에게 아뢰노라. 나와서 항복하면 그대의 죄를 용서하고 목숨을 살려 줄 것이며, 빼앗은 터전도 되돌려줄 것이다!"

그러나 고국원왕은 이 꾐에 넘어가지 않았습니다. 왕제 무가 거느린 5만의 정예가 아직도 살아 있음을 믿고 있었기 때문입니다.

한수장군이 연 왕에게 아뢰었습니다.

"고구려는 땅이 험하여 지키기 어렵습니다. 지금 왕은 도망가고 백성들은 흩어져 산골짜기에 숨어 있으나, 우리 군이 철수하면 또 모여들어 반드시 우리를 뒤쫓으려고 할 것입니다."

연 왕 모용황은 한수의 의견을 그럴듯하게 들었습니다. 연 왕도 고구려 국민들의 끈질긴 용맹성을 이미 들어서 알고 있었기 때문입니다.

"그렇다면 무슨 계책이 없겠소?"

"왕의 아비 미천왕의 무덤을 파서 시체를 수레에 싣고 왕모 주씨를 사로잡아 본국으로 데려가옵소서. 그러면 고구려 왕 자신이 몸을 새끼로 묶고 대왕 앞에 나아와 항복할 것인즉, 그때 미천왕의 시체와 어미를 내주고 은혜를써 무마하는 것이 상책일 듯하옵니다."

"좋소, 그렇게 합시다."

모용황은 즉시 미천왕릉을 파헤쳐서 시체를 수레에 싣고 고국원왕의 어머니 주씨와 왕후도 사로잡아 본국으로 보냈습니다. 또 대궐 안에 있는 역대 왕의 보물과 포로로 잡은 5만 명의 남녀도 함께 데려갔습니다.

연군이 철수한 후 환도성은 그들이 지른 화재로 불빛이 하늘을 찔렀습니다. 아름답게 꾸며진 대궐도, 견고하게 쌓은 성도 불길 속에 허물어지고 말았습니다.

고국원왕 13년 봄에 왕은 연나라로 왕제를 보내어 굴욕적인 조공을 바쳤습니다. 즉 연나라를 상국이라 부르고 연 왕을 어버이라 추켜세웠으며, 스스로 신하임을 자처했습니다. 모용황은 그제서야 미천왕의 시체를 돌려보냈으나, 왕모와 왕후는 돌려보내지 않았습니다. 그해 7월에 고구려의 도읍을 서경(평양)으로 옮겼습니다.

후세 사람들은 고국원왕의 이러한 패전을 다음과 같이 평하고 있습니다.
"고국원왕의 야심은 미천왕보다 더했으나 그 재략이 아버지만 못했다. 모용황은 야심과 전략이 그의 아비 모용외보다 뛰어난 효웅(사납고 용맹스러운 영웅)이었을 뿐만 아니라, 그의 형 모용한과 두 아들도 다 뛰어난 장수였다."

그러나 고국원왕의 비극은 이것으로 끝나지 않았습니다. 연 왕 모용황에게 굴욕적인 패전을 당했으나, 이 겁없이 싸우기를 좋아하는 왕은 이번에는 방향을 남으로 돌려서 백제를 공격했습니다.
백제는 고구려와 같은 뿌리에서 태어난 형제의 나라입니다. 백제의 시조 온조왕은 동명성왕의 아들이며, 유리왕 2년에 남쪽으로 내려가 그 나라를 세웠습니다.
그러므로 백제 왕실에서는 도성 안에 동명성왕의 사당을 세워 놓고 나라에 큰일이 있을 때마다 왕이 친히 배알했었습니다. 또 고구려와의 관계도 이제까지 국경 지

대에서의 작은 분쟁을 제외하면 비교적 평화로운 편이었습니다.

그러던 차에 고구려군의 강력한 공격을 받자 백제 사람들은 크게 화를 냈습니다.

고국원왕 39년 9월에 왕이 친히 군사 2만을 이끌고 백제의 치양성을 공격했습니다. 지금의 황해도 배천으로 추측되는 치양성은 대방군에 위치한 백제의 전초 기지였을 뿐만 아니라, 전략적으로도 매우 중요한 곳이었습니다. 이 일대를 경계로 하여 고구려와 백제와 신라 등 세 나라의 땅이 갈려 나가기 때문입니다.

백제의 근초고왕은 즉시 반격을 개시하여 고구려군을 섬멸했고, 그 2년 후에는 군사 3만을 이끌고 평양성을 치기에 이르렀습니다.

고국원왕이 전사한 것은 바로 이 평양성 싸움에서였습니다. 왕은 밀려오는 백제군을 맞이하여 힘껏 싸웠으나, 누가 쏘았는지도 모르는 화살에 맞아 쓰러지고 말았습니다.

불교를 받아들인 계몽 군주

　고국원왕이 화살을 맞고 전사하자 태자 구부가 대를 이어 왕위에 올랐습니다. 그가 바로 제 17 대 소수림왕입니다.
　소수림왕은 몸집이 크고 웅대한 계략을 가진 사람이었습니다. 부왕이 전사하자 곧 백제와 화친을 맺고 다시 도성을 압록강 건너편에 있는 국내성으로 옮겼습니다.
　소수림왕 2년 6월에 전진 왕 부견*이 고구려에 사신을 보내고 중 순도 편에 불상과 경문을 보냈습니다. 이것이 우리 나라에 불교가 들어오게 된 시초인데, 왕도 곧 사신을 전진으로 파견하여 고마움을 표시하고 방물*을 전했습니다.
　그해 가을에는 도성 안에 대학을 세우고 귀족의 자제들을 교육시켰으며, 이듬해에는 율령*을 반포하여 그 누구도 법률에 의하지 않고는 죽이거나 죄를 주지 못하도록 하였습니다. 말하자면 소수림왕은 왕과 귀족만을 위한 전제주의 국가에서 백성들을 위한 법치주의 국가로 고구려를 탈바꿈시키고자 힘썼던 것입니다.

　소수림왕 4년에 아도스님이 중국에서 건너와 이불란사란 절을 세웠으며, 이것은 순도가 세운 초문사와 함께 해동 불교의 시초가 되었습니다.

　소수림왕은 고구려가 주변의 여러 나라로부터 수모를 당하는 것은 나라에 굳센 믿음이 없고 백성들이 무지하고 몽매하기 때문이라고 생각했으며, 이것을 깨우치기 위해서는 종교와 학문의 힘을 비는 수밖에 없다고 생각한 것입니다.

　그런 뜻에서 소수림왕은 요즘 말로 하면 개명한 계몽 군주였습니다. 왕의 치세에는 백제 근구수왕의 평양성 침공, 북쪽 국경에 떼지어 사는 거란족의 침범 등 외침이 있었으나 그것들을 다 물리치고 평화를 되찾은 충실한 시대였습니다.

＊부견(苻堅) : 전진(前秦)의 왕. 전연과 전량을 항복시키고 중국을 통일하려다가 실패함.
＊방물(方物) : 윗사람에게 바치는 지방의 산물.
＊율령(律令) : 법령. 전제주의 국가에서 왕과 귀족의 권리를 제약하고 백성들의 권리를 보호하기 위하여 제정됨.

독실한 불교 신자 고국양왕

 소수림왕이 세상을 떠나자 그의 아우 이련이 대를 이었습니다. 제 18 대 고국양왕입니다.
 고국양왕은 왕위에 오르자 곧 모용황에게 빼앗긴 요동 땅을 되찾을 궁리를 했습니다. 지난 14년 동안 소수림왕에 의해서 시행된 개명한 정치는 고구려의 국력과 백성들의 힘을 서서히 길러, 마침내 이제는 잃어버린 땅을 되찾을 때가 돌아왔다고 여겨졌기 때문입니다.
 고국양왕 2년 여름에 왕은 군사 4만을 내어 요동성을 습격하였습니다. 이때 연나라는 모용황이 죽고 그의 아들 모용수가 왕이 되어 있었는데, 다급해진 그는 장군 학경으로 하여금 군사를 거느리고 가서 요동성을 구원케 하였습니다.
 그러나 이미 때는 늦은 뒤였습니다. 고국원왕 때 환도성을 분탕질당하는 수모를 겪은 고구려 군사들은 이를 갈아부치고 덤벼들었습니다.

"우리의 원수 연나라 오랑캐놈들을 무찌르자!"
"무도한 되놈 모용의 패거리에게 당한 우리 조상들의 치욕을 상기하자!"
악착같이 덤벼드는 고구려군 앞에서는 요동벌을 호령하던 연나라 군사들도 손을 쓸 수가 없었습니다.
그 결과 학경이 거느린 구원군은 산산조각이 났으며, 고구려군은 요동성과 현도성을 함락하고 남녀 1만 명의 포로까지 잡아가지고 돌아왔습니다.
이듬해 정월에 왕자 담덕을 태자로 삼았습니다. 이 담덕태자야말로 저 유명한 광개토대왕인 것입니다.
왕이 태자에게 말했습니다.
"태자는 할아버님이 어떻게 돌아가셨는지 알고 있을 테지?"
"예, 알고 있습니다."
"할아버님 고국원왕은 백제의 근초고왕과 싸우다가 화살을 맞고 전사하셨다. 태자는 부디 이 슬픔과 치욕을 잊지 않도록 명심하라."
그해 8월에 고국양왕은 백제를 쳤습니다. 이때 백제는 근초고왕 이후 3대가 지나 진사왕이 즉위하고 있었는데, 양군 사이에는 격렬한 전투가 벌어졌습니다.
그해 10월에 복사꽃과 오얏꽃이 피고 소가 말을 낳는 이변이 생겼는데, 발이 여덟이요, 꼬리가 둘이었습니다. 나라 사람들은 모두 이상한 징조라고 말하면서 한편 좋아하고 한편 근심을 했습니다.

고국양왕 6년 봄에 기근이 들어 사람들이 서로 잡아먹을 지경에 이르렀습니다. 왕이 곧 나라의 창고를 열어 굶주린 백성들을 구제하였습니다.

7년 가을에는 백제가 달솔* 진가모를 보내어 도곤성을 공격하고 고구려 백성 2백여 명을 잡아갔습니다.

이듬해 봄에 신라에 사신을 파견하여 사이 좋게 지내자고 제의했습니다. 신라의 내물왕이 조카뻘 되는 이찬* 대서지의 아들 실성을 볼모로 보냈습니다.

왕이 여러 왕족과 대신들에게 하교했습니다.

"과인이 세상을 떠나더라도 여러분은 부처님의 가르침을 잘 믿어서 나라와 가문에 복을 얻도록 하시오."

그 자리에 모인 사람들이 모두 슬피 울었습니다.

＊달솔(達率) : 백제의 벼슬 이름. 16관등 중 둘째.
＊이찬(伊湌) : 신라의 벼슬 이름. 7관등 중 둘째.

고구려의 영웅 광개토대왕

고국양왕이 돌아가자 17세의 젊은 태자 담덕이 그 뒤를 이었습니다. 제 19 대 광개토왕의 등장입니다.

광개토왕은 등극하자마자 곧 군사를 휘몰아 백제를 공격, 석현성 등 10여 개의 성을 함락시켰습니다. 그럼에도 백제의 진사왕은 광개토왕이 용병에 능하다는 소문을 듣고 나가서 싸우지 않았습니다.

광개토왕은 어렸을 때부터 체격이 우람하고 뜻이 높고 곧았습니다. 즉위한 해에 연호를 영락(永樂)이라고 정하니, 이것은 우리 나라 최초의 연호이며 중국에 대한 자주적 정신의 발로였습니다. 이 연호로 말미암아 생전에는 '영락대왕'으로 불렸습니다.

그해 9월에는 다시 북쪽에 있는 거란을 쳐서 남녀 5백 명을 사로잡았고, 그들에게 잡혀간 고구려 백성 1만 여명을 해방시켜서 데리고 돌아왔습니다.

또 10월에는 백제의 관미성을 공략했는데, 그 성은 사면이 바다로 둘러싸인 난공 불락의 요새였습니다.

이 관미성은 지금의 경기도 강화만에 있는 한 섬으로 추측되고 있는데, 성이 가파른 바위 위에 서 있기 때문에 왕은 군사를 일곱 길로 나누어 공격해서 20일 만에 함락시켰습니다.

예성강, 임진강, 한강 등 세 강이 모이는 하구에 위치한 관미성은 전략적으로 매우 중요한 곳이었으므로 백제군의 저항도 만만치 않았으며, 치열한 공격과 반격이 되풀이되는 격전이 벌어졌습니다.

이 싸움을 마친 후 대왕은 승리한 장병들을 모아 놓고 연설을 했습니다.

"백제는 본디 우리 고구려와 한뿌리에서 태어난 동족의 나라였다. 그러나 고국원왕의 전사 이후 백제는 우리의 원수가 되지 않을 수 없었다. 그러나 짐의 포부는 백제군 하나만을 섬멸하려는 것이 아니다. 우리는 동명성왕께서 말씀하신 다물 정신*에 입각해서 그동안 고구려의 강역을 침범하여 우리를 핍박하던 모든 외적들을 쳐물리침으로써 동방에 우뚝 솟은 나라를 만들고자 하는 데 있다. 그런 뜻에서 짐은 남쪽을 평정한 후 북쪽에 있는 선비족의 후예인 모용씨의 연나라와 거란의 무리도 반드시 정복할 것이며, 잃어버린 땅 요동과 현도, 숙신도 반드시 되찾을 것이다!"

대왕이 연설을 마치자 군사들 사이에서 일제히 "영락

대왕 만세!" 소리가 울려 퍼졌습니다.
 핏빛 놀이 서녘 하늘을 물들인 싸움터에도 서서히 어둠이 내리기 시작했습니다.
 평양으로 개선한 광개토왕은 도성 안에 절 아홉 개를 짓게 하였습니다. 이것은 "불교를 깊이 믿어 복을 구하라."는 아버지 고국양왕의 유언을 따른 것일 뿐만 아니라, 전쟁으로 말미암아 상처 입은 민심을 위로하려는 대왕의 깊은 뜻에서 나온 것이었습니다.

 이때 백제에서는 진사왕이 죽고 그의 조카 아신왕이 등극했습니다. 매사냥과 말타기를 좋아한다는 이 혈기 왕성한 젊은 왕은 광개토왕에게 석현성, 관미성 등 북변의 요새들을 빼앗긴 것을 매우 분하게 여기고 있었습니다.
 그리하여 아신왕은 즉위하자마자 외숙 진무를 세워 좌장*으로 삼고 고구려를 쳐부수는 일에 온 힘을 기울였습니다.
 아신왕이 진무에게 말했습니다.
 "관미성은 우리의 북변을 지키는 요새인데 지금은 고구려의 것이 되어 있소이다. 이것은 과인이 뼈아파하는 바이므로 외숙은 유의하여 우리의 치욕을 씻을 수 있도록 힘써 주시오."
 "예."

진무는 고개를 숙여 맹세했습니다.

아신왕 2년(광개토왕 2년) 8월에 진무가 병사 1만을 거느리고 고구려의 남쪽 국경을 침공하였습니다. 진무는 이때 나이 육십이 넘은 노장임에도 불구하고 비오듯 쏟아지는 화살과 돌을 무릅쓰고 관미성을 포위한 백제군을 격려하였습니다.

그러나 고구려 군사들이 성을 굳게 지키고 나오지 않아 함락시키지 못했으며, 물자의 보급이 이어지지 않아 철수하고 말았습니다.

이듬해 7월에 백제군이 또 내침하자 광개토왕은 날랜 기병 5천을 거느리고 나가 수곡성(황해도 신계) 아래에서 적을 격파했습니다.

광개토왕 4년 8월에는 진무가 거느린 백제군을 광개토왕이 예성강에서 맞아 싸워 크게 이기고 8천여 명을 포로로 잡았습니다.

그러나 광개토왕과 백제와의 싸움에서 무엇보다도 큰 고비를 이룬 것은 6년 가을에 있었던 아리수(한강)의 대전입니다.

아신왕은 백제 혼자서는 고구려의 강한 군사력을 당하기 어렵겠다고 생각하고 그해 5월에 왕자 전지를 바다 건너 왜국에 볼모로 보냈습니다. 그 대가로 싸움 잘하는 왜군 수천 명을 끌어들여 아리수 남쪽에서 열병식을 거행하였습니다.

여기서 말하는 열병식이란 일종의 군사력의 시위요, 훈련을 뜻하는데, 이 소식을 들은 광개토왕은 크게 화를 냈습니다.

"백제가 왜군을 데려왔다니, 이것은 배달의 후예로서 부끄러운 일이오."

대왕은 친히 수군을 거느리고 아리수로 진격하여 백제 땅 안에 있는 쉰여덟 군데의 성과 700여 개의 부락을 점령하고 하남 위례성을 포위했습니다.

강을 사이에 두고 고구려 수군과 왜병까지 가담한 백제군 사이에 격렬한 싸움이 벌어졌습니다.

그러나 솟아오르는 태양 같은 광개토왕의 위세와 고구려군의 치열한 공격 앞에서 백제군은 위례성을 지킬 길이 없었습니다. 마침내 다급해진 아신왕은 항복의 깃발을 내걸고 성문을 열었으며, 대왕 앞에 나아가 신하로서 받들겠다는 성하의 맹세*를 올렸습니다.

승리한 대왕은 아신왕이 바친 1천 명의 남녀와 1천 필의 세포(곱게 짠 삼베), 왕제와 대신 10명을 볼모로 이끌고 국내성으로 개선하였습니다.

이 싸움을 고비로 하여 고구려에 대한 백제의 기운은 완전히 꺾였으며, 이러한 현상은 백제가 멸망하는 날까지 계속되었습니다.

백제의 항복으로 남쪽에서의 근심을 덜게 된 광개토왕

은 군사를 돌려서 북쪽에 있는 강한 적 모용씨를 정벌할 계획을 세웠습니다.

광개토왕 9년 정월에 왕은 후연으로 사신을 보내어 연왕 모용성에게 조공을 바쳤습니다. 그러나 모용성은 광개토왕의 상국을 대하는 태도가 거만하다는 이유로 받지 않고 친히 3만의 군사를 이끌고 고구려를 침공했습니다.

아마도 이때 광개토왕이 후연에게 바친 조공은 그들의 마음을 떠보기 위해서인 듯한데, 모용성은 그것을 재빨리 눈치채고 선수를 쳤던 것입니다.

"고구려의 담덕이 '영락'이란 연호를 국서*에 써? 연호란 중국의 황제만이 쓸 수 있는 것인데 변방의 작은 나라인 고구려가 어떻게 그것을 쓸 수 있단 말인가! 내 기필코 본때를 보여주리라."

모용성은 표기대장군 모용희를 선봉으로 삼아 고구려의 신성·남소의 두 성을 함락시키고, 700여 리의 땅을 개척하여 그곳에 있는 5천여 호의 백성들을 후연으로 끌고 갔습니다.

이 사건으로 싸울 빌미를 잡은 광개토왕은 2년 후에 후연의 숙군성을 쳐서 격파했으며, 성을 지키던 평주 자사 모용귀는 도망을 치고 말았습니다.

이후 10여 년 동안 고구려는 후연과 싸워서 적을 격파하고 요동에서 요서에 이르는 수천 리의 땅을 차지했으며, 마침내 모용성, 모용희 등 역대의 선비족 왕들이 모

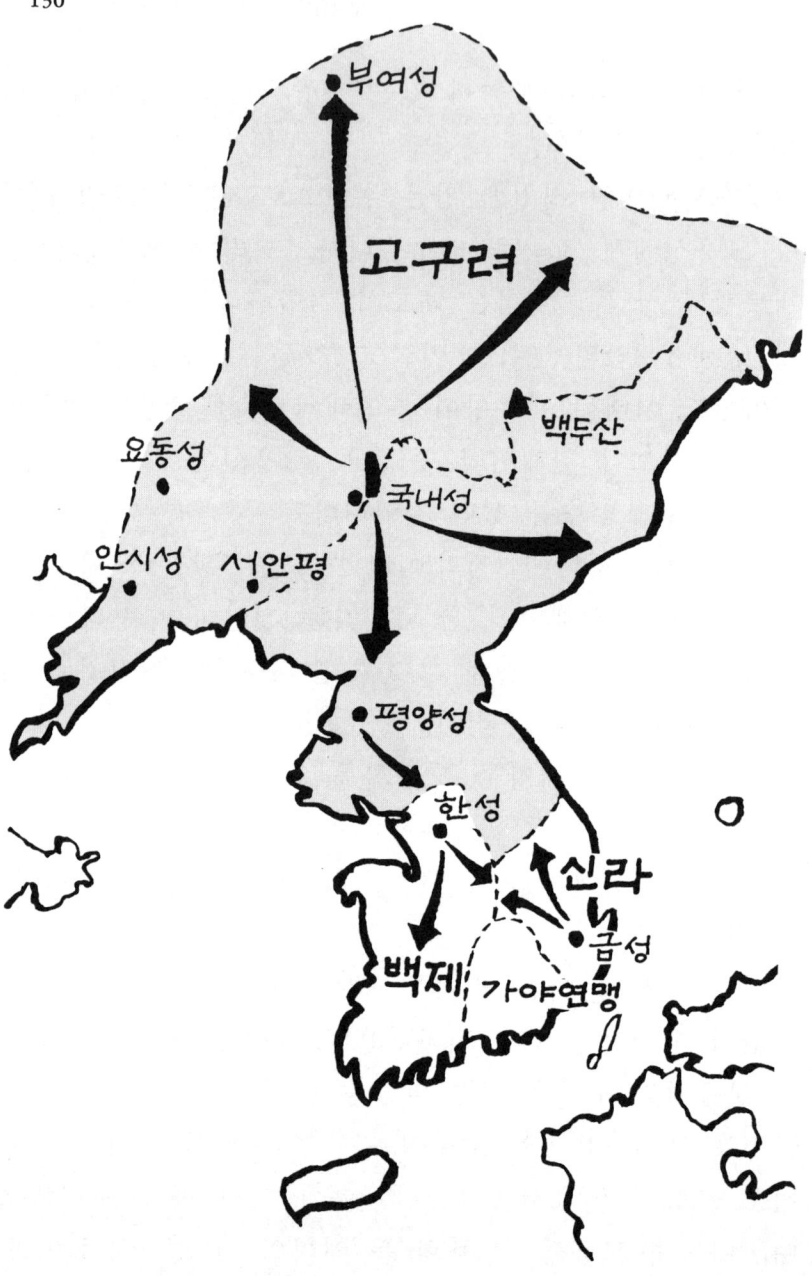

두 광개토왕 앞에 무릎을 꿇었습니다.

후세의 역사가는 광개토왕의 후연 정벌을 다음과 같이 평하고 있습니다.
"광개토왕은 야심이 많고 무략이 뛰어난 인물이지만, 동족에 대한 사랑만은 대단하였다. 그가 백제를 공격한 것은 왜국과 결탁한 것을 미워해서였지 빼앗기 위해서가 아니었다. 왕의 유일한 목적은 북쪽의 강성한 선비(모용씨)를 정벌하여 요동과 요서 땅을 차지하려던 것이므로, 남쪽에 대한 전쟁은 소극적 의미를 가진 것이요, 북쪽에 대한 전쟁이야말로 적극적 의미를 가진 것이었다."

그러나 후연과의 이 격렬한 전쟁 속에서도 광개토왕은 남쪽에서 치받는 백제와 왜의 연합 세력에 대한 경계를 늦추지 않았습니다.
백제의 아신왕은 아리수 대전 이후 광개토왕 앞에서 성하의 맹세를 하였음에도 불구하고, 고구려가 후연과 싸울 때마다 맹약을 어기고 왜병을 불러들여 고구려가 새로 점령한 땅을 침노하였습니다.
이럴 즈음에 신라에서 급한 전갈이 왔습니다. 대마도에 거점을 둔 왜군이 신라를 크게 치려고 한다는 것이었습니다.
백제는 전부터 신라가 고구려에 인질을 보내어 우호를

맺고 대항하는 것을 미워하여, 왜병으로 하여금 신라의 변경을 어지럽혀 왔었습니다. 그러나 이번에는 보다 규모가 큰 공격을 준비하고 있다는 보고였습니다.

광개토왕은 이 요청을 받자 곧 날쌘 기병 5만을 신라에 파견하여 백제와 왜의 연합군을 격파하고 그들의 본거지인 임나가야, 즉 지금의 경상남도 고령까지 쳐들어가서 그들을 전멸시켰습니다.

대왕은 이 싸움에서 왜군의 갑옷과 투구 1만여 벌을 빼앗았는데, 이로부터 왜군은 고구려가 두려워 다시는 바다를 건너오지 못했으며, 남쪽에 오랫동안 평온이 계속되었습니다.

광개토왕 16년 2월에 대왕은 그동안 미루어 오던 대궐의 증축과 수리를 명령했습니다. 이제야말로 북쪽으로는 송화강, 목단강 유역, 서쪽으로는 요하와 혼강 유역, 남쪽으로는 한강(아리수) 유역까지 영토를 넓혀서 대제국을 건설했으므로 광개토왕은 국력에 걸맞는 수도를 건설해야겠다고 생각한 것입니다.

이듬해 3월에는 북연에 사신을 보내어 새로이 왕위에 오른 고운에게 종족(씨족)으로서의 예의를 베풀었습니다. 고운의 조부 고화는 모용황이 환도성을 함락하고 고구려 백성 5만여 명을 끌고 갈 때 포로로 잡혀간 사람이었던 것입니다.

고운은 후에 모용보(연 왕 모용성의 아비)의 양자가 되어 모용이란 성을 내림으로 받았지만, 후연 왕조에 내분이 생긴 틈을 타서 모용희(모용보의 형)를 죽이고 자립하여 북연 왕이 되었습니다. 그리고 스스로 고구려에서 갈려 나온 겨레임을 증명하기 위하여 고씨 성을 되찾았습니다.

광개토왕 18년 봄에는 새로 지은 대궐에서 왕자 거련을 태자로 책립하고, 여름에는 국내성 동쪽에 성 여섯 군데를 쌓고 서경(평양성)의 주민들을 옮겨 와 살도록 했습니다.

왕위에 오른 지 22년 10월에 돌아가니 시호를 '국강상 광개토경 평안호태왕'이라고 지어 올렸습니다. 당시의 나이 39세. 위대한 영웅의 최후였습니다.

―――――――――

＊다물(多勿) 정신 : 잃어버린 옛땅을 되찾자는 정신. 동명성왕 때부터 강조되어 온 고구려의 국시였다.
＊좌장(佐將) : 백제의 벼슬 이름. 참모총장 격.
＊성하(城下)의 맹세 : 항복을 뜻함.
＊국서(國書) : 나라와 나라 사이에 주고받는 외교 문서.

탁월한 외교가 장수왕

광개토대왕은 나라와 백성을 위해서 애쓰다가 너무나 일찍 세상을 떠났습니다. 나이 마흔도 되기 전에 머리가 희고 이마에 굵은 주름이 졌다고 하니, 그 분의 노심 초사가 어떠했는지 짐작이 됩니다.

대왕의 뒤를 이은 태자 거련은 생김새가 뛰어나고 뜻이 호매한 분이었습니다. 제 20 대 장수왕으로 79년 동안 왕위에 있었습니다.

왕은 즉위한 후 곧 장사* 고익을 동진(東晉)에 보내어 국서를 전하고 털 빛깔이 발그레한 말을 선물하였습니다. 동진의 황제가 장수왕을 '고구려왕 낙안군공'으로 봉했습니다.

그 이듬해에는 국내성 동쪽 언덕 위에 광개토대왕의 능을 이룩하고 거기 500미터쯤 떨어진 곳에 비석을 세웠습니다.

이 비석이 저 유명한 광개토대왕비, 일명 호태왕비인

데, 높이 6.39미터, 무게 37톤에 달하는 거대한 바위에 1천8백여 자의 비문을 새긴 것입니다.

장수왕 15년에 서울을 평양으로 옮겼습니다. 이것은 후연의 몰락으로 북쪽에서의 근심이 덜어졌기 때문에 남쪽에 있는 백제와 신라에 대비하려는 것이었습니다.

23년 6월에 왕이 후위(북위)에 사신을 보내어 조공하자, 후위의 세조가 '도독요해제군사 정동장군 영호동위중랑장 요동군개국공 고구려왕'이란 기다란 이름을 내려 주었습니다.

북연 왕 고운은 신하 풍발에게 죽임을 당하고 풍발이 자립하여 왕이 되었으며, 지금은 그의 아우 풍홍이 북연 왕 자리에 앉아 있었습니다.

후위가 자주 북연을 치자 풍홍이 그 신하들에게 말했습니다.

"고구려와 우리는 오랫동안 친하게 지내 오던 사이이므로, 만약 다급한 일이 벌어지면 고구려에 의지하여 뒷일을 도모하시오."

장수왕 24년 4월에 후위가 북연의 백랑성을 쳐서 함락시키자, 왕은 갈로와 맹광 두 장군을 보내어 도망쳐 오는 북연 왕을 맞게 하였습니다. 풍홍은 용성에 있는 궁궐에 불을 지르고 제 나라 백성 수만 명을 이끌고 고구려로 왔습니다. 이 소식을 들은 후위의 왕이 사신 편에 글을 보내어 풍홍을 후위로 압송하라고 명령했으나, 장수왕은 차후에 찾아뵙겠다 하고 듣지 않았습니다.

26년 3월에 북연 왕 풍홍이 요동으로 왔습니다. 장수왕이 사람을 보내어 그를 위로했습니다.

"용성 왕 풍홍께서 요동에 와 야영을 하고 있으니 얼마나 고단하시겠소?"

그러나 풍홍은 장수왕이 거드름을 떤다고 나무랐습니다. '북연 왕'을 '용성 왕'이라 부른 것은 그가 이미 나라를 잃은 망국의 군주였기 때문인데, 풍홍은 이 호칭 속에 든 낮춤의 뜻을 알아차리고 화를 냈던 것입니다.

장수왕도 화가 났습니다. 그리하여 풍홍의 호위병을 거두고 태자 왕인을 볼모로 잡았습니다. 풍홍은 펄펄뛰며 사신을 중국 남쪽에 있는 송나라*에 보내어 자기를 맞아 주도록 요청했습니다.

송 태조가 사신을 파견하여 풍홍을 보내라고 명령했습니다. 그러나 장수왕은 풍홍이 남쪽으로 가는 것을 좋아하지 않았습니다. 그것은 곧 고구려의 적을 만드는 일이었기 때문입니다. 그리하여 장수 손수와 고구를 시켜서 풍홍을 잡아죽였습니다.

송 태조는 사신으로 하여금 장수왕에게 항의하고, 사람을 함부로 죽인다는 죄명을 씌워 고구려 장수 손수를 죽이고 고구를 사로잡았으나 먼 곳에 있는 나라라 더 이상 문책하진 않았습니다.

장수왕 28년에 신라의 벼슬아치가 고구려의 변장(변방

을 지키는 장수)을 습격해 죽였습니다. 왕이 노하여 군사를 일으켜서 치려고 하자 눌지왕이 사신을 보내어 사죄하므로 그만두었습니다.

54년 3월에 후위에 사신을 보내어 조공하였습니다. 위나라의 문명태후가 후궁으로 들일 여자가 모자라니 왕녀(공주)를 바치라는 무리한 요구를 했습니다.

장수왕은 글월을 보내어 왕녀는 이미 출가했으므로 대신 왕의 조카딸을 보내겠다고 했습니다.

후위는 이것을 허락하고, 왕녀를 맞기 위한 사신을 보내어 폐백을 전달하겠노라고 했습니다.

한 신하가 왕에게 아뢰었습니다.

"후위가 전에 북연과 혼인을 맺고 얼마 후에 북연을 정벌한 일이 있습니다. 혼인을 빙자한 사신을 파견하여 나라의 지리를 고루 염탐했기 때문입니다. 부디 방법을 써서 그들을 지켜보도록 하옵소서."

왕은 고개를 끄덕이더니, 후위에 서찰을 보내어 조카딸이 갑자기 병으로 죽었노라고 아뢰었습니다. 후위의 왕은 이것이 거짓인 줄 알고 있었지만 더 이상 문책하지 않았습니다. 이듬해 봄에 왕이 또 후위에 사신을 보내어 조공을 바쳤습니다.

장수왕 63년 9월에 왕이 군사 3만을 이끌고 백제의 서울 한성(위례성)을 포위하였습니다. 개로왕*은 고구려군이 거세다는 말을 듣고 성문을 닫은 채 나가서 싸우려 하지 않았습니다.

고구려는 군사를 네 갈래로 나누어 협공하고 성문에 불을 질렀으며, 위급해진 개로왕이 기병 약간을 거느리고 서쪽으로 도망치자 고구려 군사가 뒤쫓아가서 죽였습니다. 백제의 남녀 8천여 명을 사로잡아서 돌아왔습니다.

이후 장수왕은 수십 차례에 걸쳐서 후위를 비롯한 중국의 여러 왕조에 사신을 보내어 조공했는데, 이것은 모두 북방으로부터의 막강한 군사적 위협을 외교로써 누그러뜨리려는 술책이었습니다.

---

*장사(長史) : 벼슬 이름.
*송(宋)나라 : 이것은 동진 말기에 유유(劉裕)가 세운 송나라임. 유송(劉宋).
*개로왕(蓋鹵王) : 백제 제 21 대 왕.

바둑의 명수 도림

 고구려의 중 도림은 바둑의 명수였습니다. 그의 이름은 국경을 넘어서 백제에까지 알려졌습니다.
 백제의 개로왕도 바둑을 썩 잘 두었습니다. 잘 둘 뿐만 아니라 바둑이라면 잠자는 것도 잊어버릴 정도였습니다.
 그 무렵 백제와 고구려는 사이가 대단히 나빴습니다. 변경에서는 양쪽 군사들 사이에 싸움이 잦았고 밀고 밀리는 실랑이가 벌어졌습니다.
 이런 때에 도림이 백제로 망명을 왔습니다. 고구려 왕에게 죄를 짓고 도망쳐 온 것이라 하였습니다.
 바둑을 좋아하는 개로왕은 도림이 왔다는 소식을 듣고 크게 기뻐했습니다. 도림이 대궐로 찾아가서 왕에게 인사를 드렸습니다.
 "소승은 어려서부터 바둑을 배워 자못 묘수를 터득하고 있사옵니다. 바라옵건대 대왕께서 한수 가르쳐 주셨으면 합니다."

왕이 불러들여서 바둑을 두었더니 도림은 과연 명수였습니다. 감탄한 개로왕은 도림을 상객으로 받들고 대궐 출입을 자주 하도록 허락했습니다.

어느 날 도림이 왕 앞에 나아가 아뢰었습니다.

"신은 다른 나라 사람이지만 대왕께서는 신을 내치지 않으시고 은혜와 신뢰를 베푸셨습니다. 그러나 신에게는 별다른 재주가 없어 나라를 위해서 도움을 드린 일이 없습니다. 지금 한말씀 드리고자 하는데 대왕의 뜻이 어떠하실지……"

왕은 흔쾌히 허락했습니다.

"걱정하지 말고 말해 보라. 나라에 이익이 된다면 그대에게 상을 주리라."

도림이 그럴듯하게 아뢰었습니다.

"대왕의 나라는 산과 강이 모두 높고 깊어서 하늘이 주신 요새입니다. 주위의 나라들이 백제를 넘보지 못하는 것도 바로 그것 때문이옵니다."

개로왕은 그 말에 귀가 솔깃해졌습니다. 도림이 말을 이었습니다.

"그러므로 대왕께서는 마땅히 높으신 위엄과 부유한 실적으로 남의 이목을 끌어야 할 터인데, 성과 대궐은 수리되지 아니하고 선왕들의 무덤은 허술하기 짝이 없습니다. 신은 대왕을 위해 바로 이 점을 염려하는 바입니

다."

"그렇소! 그대의 말을 참작하리다."

왕은 고개를 끄덕이며 대답했습니다.

그 후에 곧 개로왕은 나라 안의 장정들을 징발하여 성대한 토목 공사를 일으켰습니다. 산에서 나무를 베고 돌을 옮겨다 성을 쌓고 대궐과 누각을 화려하게 지었습니다. 또 아리수에서 큰 돌을 캐다가 돌관을 만들어 선왕의 시신을 개장하고 능을 만들었습니다. '풍납리 토성'이라 불리는 한강변의 둑도 이때 쌓아진 것입니다.

이렇게 큰 공사가 벌어지자 백제의 재정은 갑자기 곤궁해졌습니다. 노역에 동원된 백성들의 괴로움은 날이 갈수록 심해졌고, 개로왕을 원망하는 소리가 여기저기서 일어나기 시작했습니다.

도림이 백제에서 모습을 감춘 것은 이 무렵의 일입니다. 고구려로 돌아온 도림이 장수왕 앞에 나아가 이런 사실을 고하며 아뢰었습니다.

"지금이야말로 백제를 칠 절호의 기회입니다. 대왕께서는 곧 군사를 휘몰아 남쪽으로 진격하옵소서."

바둑의 명수인 줄 도림이야말로 장수왕이 보낸 고구려의 간첩이었던 것입니다.

고구려군이 위례성을 향해 쳐들어오자 개로왕은 크게 당황했습니다. 별안간에 밀어닥친 적군을 맞아서 나가 싸우려고 했으나, 오랫동안의 토목 공사로 나라와 백성의 힘이 약해졌으므로 어쩔 도리가 없었습니다.
 개로왕은 그제서야 도림의 속임수에 넘어간 것을 깨달았습니다. 왕이 태자에게 말했습니다.
 "내가 어리석고 밝지 못하여 간사한 자의 말을 믿다가 이 지경에 이르렀다. 나는 마땅히 나라를 위해서 죽겠지만 태자는 그럴 필요가 없다. 난을 피했다가 대통을 잇도록 하라."
 개로왕은 태자를 남쪽으로 떠나 보낸 후 도망을 쳤습니다. 그러나 얼마 가지 못해서 고구려 장수 걸루에게 잡혀 죽임을 당했습니다. 그 걸루는 백제에서 죄를 짓고 고구려로 도망한 자이니, 사람의 운명이란 이상한 것이 아닐 수 없습니다.

문자왕 이후 평원왕까지

 장수왕이 재위 78년 만에 세상을 떠나자 손자 라운이 대를 이었습니다. 제21대 문자왕입니다.
 문자왕의 아버지는 왕자 조다인데, 조다가 일찍 죽자 장수왕이 라운을 데려다가 태손을 삼고 뒤를 잇게 한 것입니다.
 문자왕 이후 제22대 안장왕, 제23대 안원왕, 제24대 양원왕, 제25대 평원왕에 이르는 99년 간의 치세는 고구려의 왕권이 주변의 여러 나라들 사이에서 확고하여 비교적 평온하던 시대입니다.
 고구려는 북쪽에 있는 중국 왕조들에 대해서는 사신과 조공을 보내는 외교로써 이를 무마하고, 남쪽에 있는 신라, 백제 등에 대해서는 무력으로써 우위를 확보하였으며 세 나라가 정립하는 형세를 이루었습니다.
 평원왕 32년에 왕은 수나라가 진(陳)나라를 멸망시켰다는 소식을 듣고 크게 두려워하여, 무기를 수리하고 곡식을 비축하는 등 방비책을 강구했습니다.

수나라는 북주의 외척인 양견(수 문제)이 세운 나라인데, 삽시간에 중국에 있는 여러 왕조를 통일하여 대제국을 이룩했던 것입니다.

수나라 고조가 평원왕에게 국서를 보내어 나무랐습니다.

"고구려가 말로는 중국의 반속(속국)이라 하나 성의를 다하지 않는다. 그대의 나라가 땅은 좁고 사람은 적지만 지금 만일 왕을 폐한다면 그대로 둘 수 없으므로, 짐이 대신 관리를 파견하여 백성들을 안무(위로하고 다독거림)할 것이다. 그러나 왕이 마음과 행실을 고쳐 우리의 법을 따른다면 짐이 어찌 수고로이 다른 사람을 보내랴."

이것은 곧 자기의 말을 듣지 않는다면 군사를 보내어 고구려를 치겠다는 협박이었습니다.

평원왕은 이 글을 받고 마음이 매우 언짢았습니다. 중국의 모든 나라들을 쳐부수고 통일을 이룩한 대제국에 맞서서 싸울 만한 힘은 고구려에 없다고 생각한 것입니다.

평원왕은 이런 고민 속에서 병이 나 재위 32년 만에 돌아갔습니다.

바보 온달과 공주

고구려의 서울 장안성(평양) 바깥에 바보 온달이라 불리는 사나이가 있었습니다. 얼굴이 파리하고 들창코에 사팔눈, 보기만 해도 우습게 생긴 추남이었습니다. 그러나 마음만은 이 세상의 더러움에 물들지 않은 곧고 바른 사람이었습니다.

온달은 집이 가난하여 산에 가서 나무를 해다가 파는 것을 생업으로 삼고 있었습니다. 누덕누덕 기운 옷을 입고 다 떨어진 짚신을 신고 다녔지만 눈먼 어머니를 극진히 봉양하는 효자이기도 했습니다.

그럼에도 사람들은 그의 겉모습만 보고 '바보 온달'이라 부르며 업신여겼습니다. 그러나 온달은 조금도 언짢아하지 않았으며, 오히려 바보인 척하고 지내는 것을 편하게 여겼습니다.

이때 평원왕에겐 고명딸 한 분이 있었습니다. 그런데 이 공주는 어렸을 때부터 울보여서 유모를 괴롭혔습니다. 한번 울기 시작하면 좀체로 그칠 줄 몰라서 평원왕은 곧잘 이런 농담을 하였습니다.
"애, 공주야, 그렇게 울기만 하면 이담에 좋은 신랑한테 시집가지 못한다. 바보 온달한테라면 모르지만……"
그리고 이런 농담은 한두 번이 아니었습니다. 공주가 울 때마다 "바보 온달에게 시집을 보낸다."고 했으므로 귀에 못이 박힐 정도였습니다.
"어떠냐, 온달의 색시, 오늘도 또 울었느냐?"
왕은 여러 날 동안 대궐을 비우고 사냥을 나갔다가 돌아오면 공주를 무릎 위에 앉히고 이렇게 놀린 적도 있었습니다. 이제 '바보 온달의 색시'란 말은 공주의 별호가 되었습니다.

세월이 흘러 울보였던 공주도 시집갈 나이가 되었습니다. 평원왕은 지체가 높은 집안의 아들을 골라서 공주를 시집보내려고 했습니다.
그런데 혼인 이야기가 나오기만 하면 공주는 고개를 흔들며 부왕의 말을 따르려 하지 않았습니다.
"아바마마께서는 저에게 늘 바보 온달한테 시집가라고 말씀하셨습니다. 하찮은 사람도 입 밖에 낸 말을 바꾸지 않는데, 임금의 자리에 계신 아바마마께서 스스로 말씀하신 것을 바꾸시진 않을 테지요? 소녀는 다른 집에는 가지 않겠습니다. 바보 온달에게 시집보내 주세요."

왕이 아무리 달래고 을렀지만 공주의 고집은 꺾이지를 않았습니다. 공주가 어렸을 때 대수롭지 않게 한 말이 이토록 그 마음에 못을 박았을 줄은 평원왕도 미처 생각지 못한 일이었습니다.

마침내 달래다 못한 왕이 화를 냈습니다.

"아비의 가르침을 따르지 않는 아이를 나는 딸이라 생각지 않는다. 네 맘대로 해라!"

이리하여 공주는 대궐 밖으로 쫓겨났습니다.

공주는 지나가는 사람에게 묻고 또 물어서 바보 온달의 집을 찾아갔습니다. 다 쓰러져 가는 오두막집에서 눈먼 노파가 혼자 집을 보고 있었습니다.

"여기가 온달도령님 댁인가요?"

공주가 노파에게 묻자, "그렇소만…… 온달은 지금 산에 나무하러 가고 없어요. 어디서 찾아온 누구신가요?" 하며 공주 옆으로 다가와 손으로 몸을 더듬었습니다.

공주의 비단옷과 보드라운 손을 만져 본 노파는 깜짝 놀라 소리쳤습니다.

"도대체 뉘시오? 지체 높은 댁의 따님 같은데, 우리 온달을 어떻게 찾아오셨나요?"

노파의 얼굴에는 경계하는 빛이 떠올랐습니다. 혹시 온달에게 무슨 죄가 있어서 잡으러 온 줄로 안 모양 같았습니다.

"우리 집은 아씨 같은 귀한 분이 찾아오실 곳이 못 됩니다. 어서 돌아가세요."

온달의 늙은 어머니는 그러면서 공주를 사립문 밖으로 내몰았습니다.

온달의 집에서 쫓겨난 공주는 할 수 없이 산을 향해 발걸음을 옮겼습니다. 산에 가면 온달을 만날 수 있으리라 생각되었기 때문입니다.

그런데 얼마 가지 않아 지게에 나무를 지고 오는 온달을 만났습니다. 들창코에 사팔눈, 메주같이 생긴 우직한 얼굴이 대번에 바보 온달임을 알 수 있었습니다.

"혹시 온달님 아니세요?"

공주가 묻자 온달은 무뚝뚝하게, "그렇소. 하지만 이 온달에게 무슨 볼일이오? 깊은 산은 여자가 올 곳이 못 되오. 짐승도 많고 도깨비도 많으니까." 하고 대답한 후 뒤도 돌아보지 않고 산길을 내려갔습니다.

공주는 온달의 뒤를 따라 오두막집으로 갔습니다. 온달의 어머니가 나와서 공주를 방으로 맞아들였습니다.

"누추하지만 거기 앉으세요, 아가씨."

그제서야 공주는 자기가 찾아온 까닭을 밝혔습니다. 어렸을 때부터 울보였던 얘기며, 평원왕으로부터 이담에 크면 온달의 색시를 삼겠다고 들은 얘기까지 다 털어놓았습니다.

공주가 온달의 어머니의 손을 잡고 애원하듯이 말했습니다.

"어머님, 이것도 부처님이 말씀하신 전생의 인연인가 보옵니다. 갈 곳 없는 제 몸을 거두어 주옵소서."

"하지만 내 아들 온달은 신분이 낮은 데다 보다시피 사람도 변변치 못해요. 공주님의 배필이 될 만한 사내가 아니지요."

온달의 어머니가 말했습니다. 그럼에도 공주는 물러서지 않았습니다.

"옛말에 '백지장도 맞들면 가볍다.'고 했습니다. 서로 마음만 맞는다면 신분의 높고 낮음이 무슨 장애가 되겠습니까."

이리하여 공주는 마침내 바보 온달의 아내가 되었습니다. 공주가 대궐에서 가지고 온 금팔찌를 팔아서 집도 새로 짓고 살림살이도 새로 장만하였습니다.

어제까지 '바보 온달'이라고 손가락질을 받던 그가 이제는 수많은 머슴을 거느리고 사는 귀한 사람이 되었습니다.

어느덧 5년이란 세월이 지났습니다. 공주는 그동안 남편에게 무술을 배우도록 하는 한편 글공부를 시켰습니다. 몸이 건장한 온달은 무술을 익히는 것은 빨랐지만 글공부는 진도가 느렸습니다. 그럴 때마다 공주는 남편 옆에서 함께 배우며 온갖 정성을 다 기울였습니다.

어느 날 공주가 남편에게 말했습니다.

"오늘은 장에 가서 말을 사오세요. 하지만 튼튼한 말 보다 비루먹은 여윈 말을 사오셔야 합니다. 아셨지요?"
 온달은 고개를 끄덕이기만 했습니다. 비루먹은 말이란 피부에 병이 생겨서 털이 빠진 말을 뜻하는데, 이런 말은 나라의 방목장에서 기르다가 내친 씨가 좋은 말이었기 때문입니다.
 온달이 아내의 말대로 비루먹은 말을 사오자 공주는 아침 저녁으로 콩 여물을 먹여서 잘 키웠습니다. 얼마 되지 않아서 그 말은 뼈대가 늠름한 훌륭한 준마가 되었습니다.
 고구려에서는 해마다 삼월 삼짇날에 낙랑 언덕에 모여서 사냥을 하고, 그때 잡은 산짐승으로 천지 신명에게 제사를 지내는 풍습이 있습니다. 그날이 오면 왕은 물론 여러 대신과 병사들도 참석하여 사냥을 하지만, 민간에 있는 무술이 뛰어난 자도 그 행사에 참가하여 솜씨를 겨룰 자격이 주어집니다.
 "서방님께서는 그 행사에 참여하셔야 합니다. 그리고 반드시 장원을 하셔서 아바마마의 눈에 드셔야 합니다."
 공주가 온달의 옷섶을 잡고 간절히 타이르며 말했습니다.

 "와아! 와아!"
 낙랑 언덕의 넓은 들에 군사들의 함성이 메아리쳤습니

다. 방금 이름도 신분도 알 수 없는 한 무사가 뼈대가 우람한 말을 타고 달려서 활로 사나운 멧돼지를 쏘았기 때문입니다.

여러 무사들이 앞을 다투어 달렸지만 사냥감을 제일 많이 잡는 사람은 언제나 그 이름없는 젊은이였습니다.

"저 사람이 누구인고?"

평원왕도 멀리서 그 무사의 눈부신 활약을 지켜보다가 옆에 있는 대신에게 물었습니다.

"예, 장안성 밖에 사는 온달이라 하옵니다."

"뭐, 온달? 저 '바보 온달'이라 불리던 자 말인가?"

"그러하옵니다."

온달은 곧 왕 앞으로 불려갔습니다. 왕이 온달의 용맹스런 활약을 칭찬했습니다. 그날부터 사람들은 온달을 '부마'라고 불렀습니다. 부마는 임금의 사위란 뜻입니다.

때마침 후주*의 무제가 군사를 거느리고 요동을 공격했으므로 고구려군이 이를 맞아서 싸우게 되었습니다. 온달은 이 싸움에 자원해서 출전, 적병 수십 명을 칼로 베는 전공을 세웠습니다.

"모두 온달부마의 뒤를 따르라!"

싸움이 잘 풀리지 않던 차에 온달의 맹활약이 있었기 때문에, 고구려군은 그 뒤를 따라 후주군을 밀어붙여서 큰 승리를 거두었습니다.

"온달부마의 공이 첫째이옵니다."

싸움의 공로를 가름할 때 총사령관 격인 고추대가가 아뢰었습니다. 왕은 친히 온달의 손을 잡고, "그대야말로 내 사위로다!" 하고 칭찬했습니다.

이때 세운 공으로 온달에게 대형이란 높은 벼슬이 주어졌습니다. 왕의 총애는 날로 두터워졌고 위세도 높아졌습니다.

그 몇 해 후에 온달이 평원왕 앞에 나아가서 아뢰었습니다.

"지금 신라는 아리수 이북에 있는 우리 땅을 침노하여 백성들을 괴롭히고 있습니다. 대왕께서 신에게 군사를 주신다면 죽기를 맹세하고 싸워서 그 땅을 되찾아, 나라의 은혜에 보답하고자 하옵니다."

왕이 그것을 허락하자 온달은 신라를 향해 출전했습니다. 집을 떠나기에 앞서 온달이 아내에게 말했습니다.

"우리의 옛땅을 되찾지 못한다면 돌아오지 않을 것이오."

온달장군은 날쌘 군사 1만을 거느리고 신라의 우명산성을 쳤습니다. 지금의 경기도와 충청북도 경계에 있었다는 우명산성은 높고 가파른 산 위에 있어서 전략적으로 대단히 중요한 곳이었습니다.

이 싸움에서 고구려군은 적 8천여 명을 사로잡았고, 맹렬한 공격 끝에 성을 함락시켰습니다.

그러나 날씨가 춥고 물자와 양식의 보급이 늦어져서

아차성*으로 회군하였습니다.

　아차성 밑에서는 매일같이 공격하는 신라군과 지키는 고구려군 사이에 격렬한 싸움이 벌어졌습니다. 그러던 어느 날 신라군이 쏜 화살을 맞은 온달장군은 그 크나큰 뜻도 헛되이 전사하고 말았습니다.

　온달장군의 유해(시체)는 곧 장안성으로 옮겨졌습니다. 그러나 막상 장례를 치르려 하자 관이 땅에서 떨어지질 않았습니다. 기별을 받은 공주가 달려와 관을 쓰다듬으며 말했습니다.

　"이제 장군이 하시던 일은 다 마치셨습니다. 삶과 죽음이 유별하니 편히 쉬십시오."

　공주를 비롯하여 모든 사람이 흐느껴 울자 비로소 관이 움직이기 시작했습니다. 사위를 잃은 평원왕의 슬픔도 한없이 깊었습니다.

---

*후주(後周) : 중국의 왕조. 서위의 우문각이 공제의 선양을 받아 세운 나라.
*아차성(阿且城) : 경기도 양주군 아차산에 있는 산성.

안장왕의 사랑놀이

　안장왕은 고구려의 제22대 왕으로 문자왕의 아들입니다. 안장왕이 태자로 있을 때, 장사꾼 차림으로 변장하고 개백현에 놀러 간 일이 있었습니다. 개백현은 지금의 경기도 고양군 행주입니다.
　여러 친구들과 함께 술 마시며 즐겁게 놀던 흥안(안장왕의 이름)은 이날 그곳에 순찰 나온 백제의 관원들에게 들켰습니다.
　"저놈 잡아라! 고구려의 간첩이다!"
　백제의 관원이 큰 소리로 외치며 뒤쫓아왔습니다.
　흥안은 정신없이 도망치다가 그 마을의 제일 큰 부잣집으로 숨어 들어갔습니다. 높은 담을 뛰어넘어서 살펴보니 후원에 별당이 있었습니다.
　"누구세요?"
　말없이 침입한 흥안을 향해 그 별당의 주인이자 이 집 딸인 한구슬*이 물었습니다. 희미한 달빛에 비쳐 보이는 그 처녀의 얼굴은 참으로 아름다웠습니다.

"나는 고구려의 태자 흥안이오. 관원에게 쫓겨서 아기씨의 거처인 줄도 모르고 뛰어들었소. 잠시 숨어 있도록 해주시오."

흥안이 간청하자 구슬아씨는 아무 말도 하지 않았습니다. 흥안의 모습이 귀하게 생겼을 뿐만 아니라 사내다워 보였기 때문입니다.

그날 밤에 흥안은 구슬아씨의 별당에서 잠을 잤습니다. 새벽에 헤어질 때 흥안이 말했습니다.

"나 흥안은 내 나라로 돌아갑니다. 이제 곧 많은 군사들을 이끌고 당신을 맞으러 올 것이니 그때까지 기다려 주십시오."

구슬아씨도 그러마고 약속했습니다.

문자왕이 세상을 떠나자 흥안이 뒤를 이어 안장왕이 되었습니다. 안장왕은 구슬아씨를 데려오려는 일념으로 개백현에 군사를 보내어 백제를 쳤으나 늘 실패했습니다. 국경 지대라 백제군의 경계가 엄했기 때문입니다.

"그렇다면 과인이 친히 나서리라!"

안장왕이 군사 3천을 거느리고 개백현을 공격했습니다. 그러나 백제군의 완강한 저항에 부딪쳐 실패하고 말았습니다.

한편 구슬아씨가 아름답다는 말을 듣고 그 고장의 태

수가 청혼을 했습니다. 구슬아씨의 아버지인 한부자는 더없는 영광이라 생각하고 허락할 생각이었으나 딸이 말을 듣지 않았습니다.

"제게는 이미 혼인을 맹세한 남자가 있습니다. 지금은 멀리 가서 돌아오지 않으니, 그 분의 생사나 알아본 뒤에 혼인에 대하여 말씀드리지요."

한부자로부터 이 말을 전해 들은 태수는 화를 냈습니다. 태수가 구슬아씨를 불러내어 물었습니다.

"그 남자가 누구요?"

"그것은 말씀드릴 수 없습니다."

"고구려의 첩자라 말 못 하는 것이 아니오? 나는 다 알고 있소. 그대는 적국의 첩자와 정을 통하였으니 죽어도 할말이 없을 것이오!"

태수는 구슬아씨를 옥에 가두었습니다.

이 소식은 장안성에 있는 안장왕의 귀에도 들어갔습니다. 구슬아씨는 개백 태수가 달콤한 말로 꾀거나 위협해도 죽기를 맹세하고 듣지 않는다는 것이었습니다. 심지어는 옥중에서 이런 노래까지 지어 부른다고 했습니다.

이 몸이 죽고 죽어
티끌이 되더라도
임 그리는 마음만은
변할 줄이 있으랴.

마음이 초조해진 안장왕은 여러 장수들을 불러앉히고 말했습니다.

"누구든 개백현을 수복하여 구슬아씨를 구해 오는 사람이 있으면 과인은 그에게 높은 벼슬과 천금의 상을 내리겠소."

그러나 아무도 응하는 자가 없었습니다.

안장왕에게 누이동생이 하나 있었습니다. 안학공주라 불리는 그 누이동생도 뛰어난 미인이었습니다.

안학공주는 오래전부터 장군 을밀을 사랑하고 그에게 시집가기를 바랐습니다. 그러나 안장왕이 을밀의 집안이 지체가 낮다고 하여 허락하지 않았습니다. 그래서 을밀은 병을 일컫고 벼슬에서 물러나 쉬고 있었습니다.

을밀은 안장왕이 한 이야기를 듣고 왕 앞에 나아가서 아뢰었습니다.

"신은 높은 벼슬이나 천금의 상을 바라고 개백현으로 가려는 것은 아닙니다. 신의 소원은 오직 안학공주와 결혼하는 것뿐입니다. 대왕께서 그것을 허락하신다면 신도 구슬아씨를 구해 와 드리겠습니다."

이리하여 왕은 을밀의 청을 허락하고 약속 지킬 것을 하늘에 맹세했습니다.

을밀이 수군 5천을 거느리고 개백현으로 떠나면서 왕에게 말했습니다.

"신이 먼저 수군으로 백제를 쳐서 개백현을 수복하고

구슬아씨를 구해 낼 터이니, 대왕께서는 천천히 육로로 오십시오."

"알았소."

을밀은 특공대 20명을 뽑아 평복에 무기를 감추고 먼저 개백현으로 숨어 들게 하였습니다. 개백 태수는 이것도 모르고 자기 생일날에 여러 친구와 부하들을 모아 놓고 큰 잔치를 베풀었습니다.

태수가 구슬아씨의 마음이 돌아서기를 바라면서 옥으로 사람을 보내어 달랬습니다.

"오늘은 내 생일이다. 오늘 너를 죽이기로 했으나 마음을 돌리면 살려 줄 것이다. 그러면 오늘이 내 생일이자 구슬의 생일도 될 것이다."

구슬아씨가 대답했습니다.

"나리가 제 뜻을 뺏지 않는다면 오늘이 나리의 생일이 되려니와, 그렇지 않으면 나리의 생일이 곧 제가 죽는 날이 될 것이옵니다."

"발칙한 년!"

태수는 크게 노하여 당장 구슬아씨를 처형하라고 명령했습니다.

바로 이때, 을밀이 보낸 20명의 특공대가 춤꾼으로 가장하고 잔치 자리에 나타나 칼을 빼들고 소리쳤습니다.

"고구려군이 입성했다!"

"고구려군 10만이 포악 무도한 태수를 벌주고자 개백

성을 포위했다!"

 이 소리에 생일 잔치 자리는 대번에 어지러워졌습니다. 태수의 부하와 친구들이 우왕좌왕 숨을 곳을 찾아서 헤매는 동안에 춤꾼으로 변장한 고구려 병사들은 비호같이 달려가서 그들을 쓰러뜨렸습니다.

 이 북새통에 을밀은 상륙한 5천 군사를 휘몰아 감옥을 부수고 구슬아씨를 구해 냈습니다. 또 부고*를 봉하여 안장왕이 오기를 기다리고 아리수 일대의 성과 마을을 공격해서 항복을 받았습니다.

 구슬아씨를 다시 만난 안장왕의 기쁨은 여간이 아니었습니다. 두 사람은 오래도록 마주보며 눈물을 흘렸습니다.

"구슬아씨!"

"예, 마마."

 왕이 부르자 구슬아씨도 왕의 가슴에 안겨 머리를 기대었습니다.

 그 후 장안성의 대궐에서는 두 쌍의 결혼식이 성대히 치러졌습니다. 하나는 안장왕과 구슬아씨의 결혼식이고, 또 하나는 안학공주와 장군 을밀의 결혼식이었습니다.

---

*한구슬 : 이 설화가 실린 "해상잡록"에는 한주(韓珠)로 표기되어 있음. 주(珠)는 곧 구슬.

*부고(府庫) : 관청의 곳집.

수나라와 겨룬 영양왕

 평원왕의 뒤를 이어 제26대 고구려 왕이 된 사람은 태자 원이었습니다. 그가 곧 영양왕인데, 왕은 얼굴이 잘생기고 나라와 백성들을 평안케 할 뜻을 마음속에 간직하고 있었습니다.
 왕이 즉위하자 수나라의 문제가 사신을 보내어 '요동군공 고구려왕'이란 직함을 내리고 왕이 입을 옷 한 벌을 보내 왔습니다. 영양왕은 곧 고맙다는 글을 문제에게 올렸습니다.
 영양왕 9년에 왕이 말갈의 군사 1만여 명을 거느리고 요서 지방을 침입하자 수 문제가 크게 노하여 오만하기 짝이 없는 글을 고구려에 보내 왔습니다.

 짐이 하늘의 뜻을 이어받아 천하를 다스리며 왕에게 바다 한귀퉁이의 땅을 맡긴 것은 그곳을 교화하여 백성들의 천성을 다하게 하려는 뜻에서였다.

그러나 왕은 말갈을 내몰고 글안을 가두어 그대의 종으로 삼았으며, 그들이 짐에게 조공하는 길을 막아 착한 사람이 의를 따르려는 것을 미워했다. 어찌 이토록 해독이 심하냐!

고구려가 비록 땅이 좁고 백성들이 적지만 이제 왕을 내쫓고 다른 벼슬아치를 보내려 한다. 그러나 왕이 마음을 씻고 행실을 바꾸면 짐의 좋은 신하가 될 것이니, 짐이 어찌 다른 관리를 두랴.

왕은 잘 생각하라. 요하가 넓다 한들 장강(양자강)에 비하며, 고구려 군사가 많다 한들 진(陳)나라에 비하랴.

짐이 왕을 문책하려면 장군 하나를 보내면 족하리니 무슨 힘이 들랴만은, 그래도 순순히 타일러 왕이 스스로 깨닫기를 바라노라.

이것은 일종의 협박이요, 모욕적인 글이었습니다. 수나라는 이 무렵 중원을 통일하고 군비가 남아돌자, 나긋나긋 복종하지 않는 고구려에 대하여 노골적으로 불만을 표시하고 침략할 기회를 엿보고 있던 중이었습니다.

영양왕이 이 글을 여러 신하들에게 내보이고 회답할 글을 의논하자 태대형* 강이식이, "이같이 오만 무례한 글은 붓으로 회답할 것이 아니라 칼로 회답해야 합니다!" 하고 곧 싸울 것을 주장하였습니다.

왕이 그의 말을 좇아 강이식을 병마 원수로 삼아 군사 5만을 거느리고 임유관(지금의 하북성 산해관)으로 향하게 하니, 이로써 고구려와 수나라의 첫번째 싸움이 시작되었습니다.

수 문제는 한왕 양(문제의 넷째 아들)과 왕세적을 원수로 삼아 30만 대군으로써 고구려를 치게 하였으나, 장마를 만나 양식의 수송이 계속되지 못하고 군 안에 역병(전염병)이 돌아서 철수하고 말았습니다. 또 수군 도독 주라후의 군사도 고구려의 서울 평양성으로 가다가 바다 위에서 폭풍을 만나 병선이 침몰해 버렸습니다.

영양왕 11년 정월, 태학박사 이문진이 예전에 기록된 역사를 축약하여 "신집(新集)" 5권을 만들었습니다. 나라가 시작될 때부터 어떤 사람이 국사 1백 권을 기술하여 책 이름을 "유기(留記)"라 했었는데, 이때에 이르러 그것을 보다 알기 쉽게 고쳐 썼던 것입니다.

14년에 왕이 장군 고승을 보내어 신라의 북한산성을 치자, 신라의 진평왕이 몸소 군사를 거느리고 막으러 나왔습니다. 신라군이 성 안과 성 밖에서 마주 북을 치고 함성을 올리자, 고승은 이기지 못할까 두려워 퇴군하였습니다.

영양왕 15년에 수 문제가 돌아가고 그의 아들 양제가 제위에 올랐습니다. 양제는 그의 아버지보다 성품이 더 오만하고 화려한 것을 좋아했습니다.

영양왕 18년에 양제가 돌궐 왕 계민가한의 막부에서 고구려의 사신을 만났습니다. 수나라의 내관 배거가 양제에게 말했습니다.

"고구려는 본디 중국의 속현*이었는데 지금은 신하로서 복종하지 않고 다른 나라가 되어 있습니다. 선제(문제)께서 이를 치려고 했으나 한왕 양과 왕세적 등이 출사(군사를 파견함)의 공을 거두지 못하고 폐하의 시대에 이르렀습니다. 사신을 위협하여 고구려 왕이 폐하를 찾아뵙도록 하심이 좋을 것 같습니다."

양제가 고구려 사신에게 말했습니다.

"짐은 계민가한이 성심껏 수나라를 받들기에 이곳으로 왔다. 내년에는 탁군(지금의 북경)으로 갈 터이니 그대의 왕에게 전하라. 만일 짐을 찾아오지 않는다면 계민가한의 군사를 거느리고 고구려로 갈 것이다."

이것은 곧 고구려를 치겠다는 말이었습니다. 영양왕은 사신에게 그 말을 전해 듣고 두려웠으나 끝내 찾아가지 않았습니다. 고구려인의 자존심이 허락하지 않았기 때문입니다.

마침내 영양왕 23년 봄에 수 양제가 백만 대군을 휘몰아 고구려를 침공하기로 결정했습니다. 양제의 수레가 탁군에 있는 별궁에 이르자 전 중국의 군사들이 다 그곳으로 모여들었습니다.

양제가 여러 군사 앞에서 거드름을 피우며 조서를 읽

었습니다.

고구려는 어둡고 공손하지 못하여 요동과 예맥의 땅을 야금야금 잠식하였다. 한나라와 위나라 때 그 땅을 정벌하여 뒤엎어놓았으나 흩어졌던 백성들이 또다시 모여들어 오늘에 이르렀다.

고구려는 그 힘이 세어지자 또다시 중국을 섬기는 예를 소홀히 하였고, 변방에 척후를 놓아 우리 군사를 수고롭게 하였으며, 우리 나라에서 죄짓고 도망친 자를 꾀어서 이용코자 하였다.

문제 때 군사를 일으켜 쳐없애야 했거늘 벌을 늦추어 풀어 주었더니, 그 은혜는 생각지 않고 글안의 무리와 아울러 우리의 바다 지키는 관원을 죽이고, 말갈족을 다독여 요서 지방을 침범하였다.

또 고구려는 중국으로 보내는 외방의 보화*를 가로채어 다른 나라 사절의 교통을 두절케 하였으며, 짐의 명령을 받든 사신이 해동*으로 가면 도중에서 가로막고 못 가게 하였다.

고구려는 짐을 섬길 마음이 없으니 어찌 신하의 예를 다할 수 있으랴. 이래도 짐이 참을 수 있다면 어떤 것인들 참고 용서치 못하랴. 이에 짐이 친히 군사를 이끌고 불손한 고구려를 섬멸코자 하니, 여러 장수들은 군비를 갖추고 평양성으로 모이라!

수나라 백만 대군의 기치 창검이 요서 평야 넓은 들을 가득 메웠습니다.

그들이 입은 갑옷과 투구의 눈부신 빛깔.

군악 소리.

천리에 나부끼는 깃발과 바람.

말발굽 소리.

"와아!" 하는 함성 소리.

요동성에서 달려온 파발마가 대궐로 모여들었습니다. 전령들이 소리쳤습니다.

"수나라 백만 대군이 쳐들어옵니다!"

"수 양제가 친히 군사를 휘몰고 온답니다!"

그러나 영양왕은 동요하지 않았습니다. 당황하지도 않았고 얼굴빛이 변하지도 않았습니다.

"어전 회의를 소집토록 하오."

오직 그 한마디를 뒤따르는 대신에게 명령했을 뿐입니다.

---

* 태대형(太大兄) : 벼슬 이름. 고구려 14관등 중 두번째.
* 속현(屬縣) : 소속된 지방. 속국.
* 보화(寶貨) : 보물. 여기서는 중국으로 보내는 '조공'을 뜻함.
* 해동(海東) : 발해의 동쪽에 있는 나라라는 뜻. 옛날 우리 나라를 일컫던 이름.

호국의 명장 을지문덕

　세력과 세력이 만나면 맞부딪치는 것은 역사의 공리입니다. 한나라 이후 수백 년 동안 분열 상태에 있었던 중국 대륙이 수나라에 의해서 통일되자, 그 힘을 무섭게 팽창하여 주변의 여러 나라로 뻗어 나갔습니다.
　수나라는 문제 때 이미 북쪽에 있는 강한 돌궐족을 굴복시키고 남쪽의 안남과 유구를 복속시켰으며, 서쪽으로는 중앙 아시아에 위치한 30여 개의 나라를 공략하여 조공을 바치도록 만들었습니다.
　그러나 오직 하나, 동쪽의 고구려만이 수나라의 이와 같은 오만한 무력에 맞서서 복종하려 하지 않았으니, 그것이 바로 수가 고구려를 치게 된 첫번째 원인입니다.
　즉, 백제와 신라는 사신을 보내어 수나라에 복종할 뜻을 표했음에도 불구하고 고구려는 군사를 움직여 수나라의 국경을 침범했고, 때로는 영양왕 자신이 요동성에서 출병하여 요서로 쳐들어갔습니다.

이와 같은 일로 수나라의 자존심은 크게 상해 있었습니다. 온 세상을 제 것으로 알고 있는 수나라에게 고구려는 눈 위에 난 혹과도 같았기 때문입니다.

수 양제는 이러한 고구려를 응징해야겠다는 생각으로 친히 백만 대군을 거느리고 쳐들어왔던 것입니다.

그렇듯 큰 전쟁 준비는 일찍이 들어 본 일이 없을 정도로 그 규모가 어마어마한 것이었습니다. 좌군 12대, 우군 12대로 나눈 총병력이 113만 3천 800명, 군량과 무기를 운반하기 위해 동원된 노무원은 그 배가 넘었고, 행군의 길이가 960리에 뻗쳤습니다.

고구려의 무력이 아무리 강하다 하더라도 이토록 거대한 수나라 군사의 침입을 받고서는 주춤하지 않을 수 없었습니다. 그래서 영양왕의 명령으로 대궐에서 국난을 극복하기 위한 어전 회의가 열렸습니다.

"수나라 양제가 진시황을 본받아 중국을 에워싼 여러 나라를 무릎 꿇게 하려는 것은 과인도 이미 알고 있는 바이오. 그러나 우리 고구려는 동방의 강국으로 그들에게 침노당할 까닭이 없소. 과인은 수나라의 무도한 행동을 보고만 있지 않을 것이며, 반드시 싸워서 물리칠 생각이오. 경들의 계책을 듣고 싶소."

왕이 엄숙히 선언하자 대신들 사이에서 수군거리는 소리가 들려 왔습니다. 한 신하가 머리를 조아리며 아뢰었습니다.

호국의 명장 을지문덕   171

"마마의 뜻은 높사오나 우리 고구려는 수나라에 비해 군비가 약하옵니다. 약한 군사로 수나라의 대군과 싸우게 되면 백성들의 고초가 클 뿐만 아니라 나라가 곤경에 빠질지도 모르옵니다. 원통한 일이오나 적과 화의를 맺어서 위급한 재난을 피하심이 옳은 줄로 아뢰옵니다."

왕은 불편한 심기를 드러내듯 눈살을 찌푸렸습니다.

바로 그때 저 말석에서 한 장수가 일어섰습니다. 무장답지 않은 깨끗한 얼굴에 보기 좋게 자란 늠름한 체구, 넓은 이마와 가늘게 치켜오른 눈초리와 눈빛이 매우 지혜로워 보였습니다.

"소장 을지문덕, 대왕께 아뢰옵니다. 우리 고구려는 옛부터 주변의 여러 나라로부터 작은 침략은 받은 바 있사오나 정복을 당한 일은 없었습니다. 이제 고구려가 무도한 양제와 화의를 맺는다면 그것은 곧 우리가 수나라의 노예가 된다는 뜻입니다. 죽기를 맹세하고 싸워서 적군을 물리치는 것만이 나라의 안전을 지키고 백성들을 위하는 길인 줄로 아옵니다."

"장하오!"

왕이 을지문덕을 칭찬했습니다. 그가 한 걸음 더 왕 앞으로 나아가서 아뢰었습니다.

"신은 비록 미약하오나, 이번 싸움에 신을 써주신다면 충성된 군사들과 더불어 수나라의 백만 대군과 싸워서 자손 만대를 위하여 나라를 지키겠사옵니다. 통촉해 주

옵소서!"
 이리하여 영양왕은 을지문덕을 정로대장군에 임명했습니다. 한낱 이름없는 무장에서 고구려의 흥망을 두 어깨에 짊어진 사령관으로 뛰어오른 것입니다.

 드디어 싸움이 벌어졌습니다. 양제는 대군을 거느리고 요하에 다다랐습니다. 고구려 병사들이 강을 사이에 두고 굳게 지키자 수나라 병사들은 건너오질 못했습니다.
 그러자 수 양제가 요하 서쪽 기슭에 출렁다리 3개를 만들게 했습니다. 수나라 병사들이 그 다리로 건너왔습니다. 언덕 위에 위치한 고구려 병사와 수나라 병사들 사이에 치열한 접전이 벌어졌습니다.
 고구려 병사들이 위에서 공격하자 물에 빠져 죽는 수나라 병사들이 헤아릴 수 없을 만큼 많았습니다. 그러나 워낙 양제가 인해 전술*을 쓰기 때문에 수적으로 부족한 고구려군은 후퇴하지 않을 수 없었습니다.
 요동성이 함락되자 양제는 총공격 명령을 내렸습니다. 그럼에도 고구려 군사들은 험한 지형을 의지하여 죽기를 맹세하고 저항했습니다.
 한편 수나라의 수군 제독 내호아는 전함 수백 척을 거느리고 패수(대동강)로 진격해 왔습니다. 고구려 수군도 그것에 맞서 싸웠으나 수적으로 부족하여 패하고 말았습니다.

"와아, 이겼다!"

내호아는 곧장 평양성으로 쳐들어갈 것을 부하들에게 명령했습니다.

이때 을지문덕이 거느린 군사는 불과 1만 명에 지나지 않았습니다. 고구려군이 압록강 서안까지 후퇴했을 때 을지문덕이 왕에게 아뢰었습니다.

"소장이 적진으로 들어가 적군의 정세를 살펴보고 오겠습니다. 윤허해 주옵소서."

영양왕은 만약을 염려하여 허락하지 않았습니다. 을지문덕이 재삼 간청했습니다.

"적은 먼 길을 달려온지라 틀림없이 피로해 있을 것입니다. 적의 허실을 염탐해 두었다가 전략을 세운다면 반드시 이길 방도를 찾을 수 있을 것입니다. 통촉해 주옵소서!"

왕의 허락을 받은 을지문덕은 거짓 항복을 이유로 적장 우문술의 진영으로 찾아갔습니다. 우문술의 진영에서는 을지문덕이 항복하러 온다는 소식을 듣고 기꺼이 맞아들였습니다.

그러나 수 양제로부터 을지문덕을 만나거든 반드시 사로잡으라는 밀명을 받은 또 한 사람의 장군 우중문은 제 발로 찾아온 을지문덕을 사로잡으려고 했습니다.

"그것은 안 됩니다. 항복하러 온 적장을 잡는다는 것은 도의에 어긋나는 일입니다."

우문술의 참모인 유사룡이 우중문을 말렸습니다. 우중문도 더 이상 고집하지 않았습니다.

그러는 동안에 을지문덕은 수나라 군사들의 모습을 유심히 살펴보았습니다. 아직도 사기는 높은 것 같았지만 보급이 달려 양식이 모자라는지 배고프고 지친 기색이 엿보였습니다.

"으흠, 너희들이 패주할 날도 머지 않았다."

을지문덕은 입 속으로 나직이 중얼거렸습니다.

우문술의 진영을 빠져 나온 을지문덕은 뒤도 돌아보지 않고 압록강을 건넜습니다. 그제서야 잡았다 놓친 을지문덕 생각을 하고 우중문과 우문술은 "아차!" 싶었지만 때는 이미 늦었습니다.

자기 진영으로 돌아온 을지문덕은 적의 피로를 가중시킬 전법을 썼습니다. 즉, 병사들을 여러 편으로 나누어 쉬지 않고 적의 배후를 공격하게 했습니다. 다시 말하면 일종의 게릴라 전법*인데, 동에 번쩍 서에 번쩍 나타나 맹렬한 공격을 퍼붓고 감쪽같이 사라지는 고구려 병사들 때문에 수나라의 대군은 잠도 제대로 못 자고 쉬지도 못할 지경이었습니다.

우문술은 이렇게 출몰하는 고구려군과 하루에도 여러 번 싸워서 다 이겼습니다. 그것이 을지문덕의 계략임을 모르는 수나라 군사들은 승리에 도취하여 허겁지겁 치달려서 살수(청천강)를 건너 평양성 밖 30리 되는 지점까지 몰려왔습니다.

이때 을지문덕은 산을 의지하여 진을 치고 적장 우중문에게 시 한 수를 써서 보냈습니다.

신기한 계책은 천문을 통하고
기묘한 작전은 지리를 꿰뚫었구려.
싸움마다 이겨서 공이 이미 높았으니
만족할 줄 알거든 그만둠이 어떠하오.

그리고 우문술에게는 따로 "군사를 거두어 물러가면 영양왕을 모시고 가서 수 양제를 찾아뵙겠다."고 하였습니다.

이것은 곧 항복하겠노라는 내용이지만 실은 적장 우중문과 우문술을 비웃고 희롱하는 글이었습니다.

우문술도 그것을 알아차렸습니다.

"괘씸하구나, 을지문덕이란 자는!" 하고 화를 냈으나, 평양성의 수비가 견고하여 쉬 함락시키지 못할 것 같고, 군사들이 피로하고 굶주려 더 이상 싸울 수도 없음을 알고 물러서려고 했습니다.

바로 이때입니다. 이제까지 숨을 죽이고 있던 고구려군이 사방에서 일제히 일어나 철수하는 수나라 군사들을 추격했습니다.

우문술은 당황했습니다. 동서 남북, 사면 팔방에서 때

호국의 명장 을지문덕   177

와 장소를 가리지 않고 공격해 오는 고구려군의 공세에 진용을 갖출 겨를도 없이 도망치고 달아났습니다.
　마침내 그해 7월에 을지문덕이 지휘하는 고구려군은 수나라 병사들을 살수까지 내몰았습니다.
　뒤에는 결사적으로 뒤쫓아오는 추격군, 앞에는 거세게 흘러가는 강물.
　적장 우문술은 그제서야 을지문덕 장군의 계략에 빠진 것을 깨달았지만 어쩔 방도가 없었습니다.
　"모두 강물 속으로 뛰어들어 건너편 언덕 위에 모여라!"
　우문술이 소리쳤습니다. 그러나 거센 물결에 휩쓸려 떠내려가는 자도 많았고, 수나라 군사들이 반쯤 건너갔을 때 고구려군이 뒤편을 치는 바람에 칼 한번 휘둘러보지 못하고 죽는 자도 많았습니다.
　이 싸움에서 수나라는 우둔위장군 신세웅 이하 수십만 대군을 잃어버렸습니다. 비오듯이 쏟아지는 고구려군의 화살에 바늘꽂이가 되어 거꾸러진 군사들도 많았으며, 요행히 강을 건너 뭍으로 올라왔으나 맹수같이 달려드는 고구려군의 칼에 두 동강이 난 군사도 있었습니다.
　"와아, 고구려군이 이겼다!"
　"와아, 고구려 만세!"
　승리의 함성이 살수를 사이에 두고 이쪽저쪽에서 울려퍼졌습니다. 완전히 넋을 잃어버린 수나라 군사들은 걸음아 날 살려라 하며 북쪽으로 달아났습니다. 고구려로 쳐들어올 때는 백만 대군을 호칭하던 수나라 대군이 요동성에 모였을 때는 불과 2,700명밖에 되지 않았다고 합니다.

수 양제는 화가 머리끝까지 치밀었습니다. 패전의 책임을 물어서 좌익위대장군 우문술 등 여러 장수들을 쇠사슬로 붙들어매고 중국으로 돌아갔습니다.

이 살수 대전의 패배로 말미암아 아침해처럼 치솟던 수나라의 위세는 날이 갈수록 위축되었습니다. 그리고 전쟁 준비로 시달리던 백성들의 고통이 쌓여서 곳곳에서 반란이 일어나, 얼마 후에는 오만하기 짝이 없던 수 양제도 역신의 손에 죽임을 당하고 말았습니다.

그러나 불과 1만의 휘하 병사들을 지휘하여 막강한 적을 몰아냄으로써 고구려의 위기를 구한 을지문덕 장군은 호국의 명장, 민족의 성웅으로 추앙을 받게 되었습니다.

＊인해 전술(人海戰術) : 적을 공격할 때 무기에만 의하지 않고 수많은 사람을 동원하여 대전하는 원시적인 전법.

＊게릴라 전법 : 유격전. 정규군이 아닌 소규모의 유격대로 적을 공격하고 자취를 감추는 전술.

신라의 염탐꾼 거칠부

고구려는 중국의 통일 왕조 수나라의 대군을 맞아 싸워서 역사에 빛나는 승리를 거두었으나, 고구려 자체의 피해도 결코 적지 않았습니다. 수많은 성곽과 마을이 파괴되고, 한때는 산업도 마비되었습니다. 또 집집마다 전쟁으로 말미암은 희생자가 나서 애도의 울음 소리가 그치지를 않았습니다.

고구려가 이렇게 국난을 겪는 동안에도 남쪽에 있는 신라와 백제는 날이 갈수록 그 힘이 더해져서, 백제의 무왕은 사신을 수나라에 보내어 수가 고구려를 치면 함께 공격하겠노라고 내통까지 하는 실정이었습니다.

또 한반도 동쪽 구석에 웅크려 있던 신라는 법흥왕 이래 불교를 받아들여 문화를 꽃피웠으며, 너그러운 다스림에 힘써서 나라와 백성들의 힘을 길렀습니다. 그 은연한 국력에 힘입어 지증왕 때에는 이사부장군을 우산국(지금의 울릉도)에 파견하여 이 섬나라를 정복했으며, 법흥왕 19년(고구려 안원왕 2년)에는 금관가야(가락국)의 항복을 받아 냈습니다.

신라가 화랑 제도를 두어 젊고 유능한 인재를 뽑아서 장차 나라의 큰 일꾼으로 삼으려고 했던 것도 이 무렵인 진흥왕 때인데, 후에 삼국 통일의 주역이 되는 김유신, 김춘추 등도 모두 화랑도 출신입니다.

고구려에 혜량이라는 스님이 있었습니다. 강회를 열고 불교를 가르치는데, 하루는 그 자리에 낯선 중 하나가 설법을 듣고 있는 것을 발견했습니다.

혜량은 그 떠돌이중이 보통 사람이 아님을 대번에 알아차리고 설법이 끝나자 그에게 물었습니다.

"사미*는 어디에서 왔는고?"

"소승은 신라 사람입니다."

"신라에서 왔다고?"

"예."

그날 저녁에 혜량법사는 그 중을 사채로 불러들여 손을 잡으며 은밀히 말했습니다.

"내가 사람을 많이 보아 왔는데, 그대의 얼굴을 보니 보통 사람이 아니오. 마음속에 다른 뜻을 품고 있을 텐데 말해 보시오."

과연 혜량의 눈은 틀림이 없었습니다. 이 떠돌이중이야말로 이름이 거칠부라고 하는 신라의 왕족이요, 고구

신라의 염탐꾼 거칠부 181

려의 내정을 알아보기 위해서 파견된 염탐꾼이었던 것입니다.

"소승은 오직 법사님의 높은 가르침을 듣고자 왔을 따름입니다."

거칠부는 이렇게 변명했으나, 혜량은 타이르듯이 규명했습니다.

"아니오. 노승이 비록 어리석지만 그 정도는 꿰뚫어 볼 수 있소. 고구려에 눈먼 소경들만 사는 줄 아시오? 여러 사람에게 들켜서 끌려가기 전에 어서 이곳을 떠나시오."

거칠부는 더 이상 신분을 감출 수 없음을 알고 혜량법사에게 고맙다는 인사를 올렸습니다. 혜량이 덧붙여서 말했습니다.

"그대의 얼굴을 보니 제비턱에 매눈이라, 장차 틀림없이 장군이 될 것이오. 만일 군사를 거느리고 고구려로 쳐들어오더라도 나를 해치진 마시오."

"이를 말씀입니까! 스승님의 은혜는 잊지 않겠습니다."

거칠부는 그렇게 약속하고 서둘러 고구려를 떠나 신라로 돌아갔습니다.

그로부터 몇 년 후에 거칠부는 과연 대아찬이란 높은 벼슬에 올랐습니다. 그리고 진흥왕 12년(양원왕 7년)에는 왕명으로 7명의 장군을 거느리고 고구려를 침공하게 되었습니다.

　거칠부가 이끈 군단은 죽령 이북, 고현* 이내의 10개의 고을을 함락시켜서 기세를 올렸습니다. 이때 혜량법사가 자기가 가르치는 불도 수십 명을 데리고 길에 나와 거칠부를 기다렸습니다. 거칠부가 말에서 내려 군례*로 인사하고 스승에게 말했습니다.
　"예전에 고구려에 갔을 때 스승님의 은혜로 목숨을 보전할 수 있었습니다. 오늘 다시 만나 뵙게 되니 그 기쁨 헤아릴 수가 없으며, 무엇으로 은혜를 갚아야 할지 모르겠습니다."
　혜량법사가 대답했습니다.
　"정사가 어지러워 고구려가 망할 날도 머지 않았소이다. 장군은 나를 그대의 나라로 데려가 주시오."
　거칠부도 그 제의에 기뻐했습니다.
　"그렇다면 이 수레에 오르십시오."
　혜량은 거칠부와 함께 수레를 타고 신라로 향했습니다. 혜량법사를 만나 본 진흥왕은 그에게 승통*이란 높은 직위를 내렸으며, 대궐 안에서 강회를 베풀도록 허락했습니다.
　다시 말하면 고구려의 앞선 불교가 혜량법사의 망명과 더불어 신라로 옮겨진 것입니다.

　후세 사람이 평하였습니다.

"혜량은 고구려의 수도에서 강회를 열 정도이니 학문과 덕을 아울러 갖춘 사람이라 할 것이다. 그런데 이러한 사람이 어찌하여 적국의 염탐꾼을 보고도 나라에 고하지 않고 그대로 돌려보냈단 말인가? 이것만 보더라도 당시 고구려의 사회적 기강이 얼마나 느슨해졌는가를 알 수 있고, 정치의 어지러움이 얼마나 심했던가를 짐작할 수 있다.

고구려는 오랫동안 전쟁에 휘말려 국력이 쇠퇴하고 백성들의 살림살이가 어려워졌다. 그러나 고구려 사회의 기강을 이토록 문란케 한 것은 전쟁이 아니라, 절대 왕권과 귀족 제도 아래에서 민중이 신음하게 된 데에 있다고 할 것이다."

＊사미(沙彌) : 수도승을 일컫는 불교 용어.
＊고현(高峴) : 지금의 강원도 북쪽에 있는 높은 재. 철령.
＊군례(軍禮) : 군대식 예절.
＊승통(僧統) : 전국의 승려를 통솔하는 최고위 승직. 종정.

영류왕과 연개소문

　영양왕이 세상을 떠나자 그의 배다른 아우 건무가 왕위에 올랐습니다. 제 27 대 영류왕입니다.
　영류왕은 왕위에 오르자마자 곧 사신을 당나라로 보냈습니다. 중국에서 수나라를 대신하여 일어난 당나라와 일찌감치 친교를 맺어 두는 것이 유리하다고 생각한 것입니다.
　그러나 영류왕의 이러한 친당 정책에 반대하는 사람도 없지 않았습니다. 특히 살수 대첩의 명장 을지문덕을 주축으로 하는 군부는 당의 건국이 얼마 되지 않음을 이유로 들어, 중원으로 쳐들어갈 것을 주장했습니다.
　중국에서 갓 돌아온 연개소문이 이러한 군부의 여론을 대표해서 왕에게 아뢰었습니다.
　"장차 고구려의 우환이 될 것은 당이지 신라와 백제가 아닙니다. 지난날 신라와 백제가 동맹하여 우리 나라 영토를 침노한 일은 있으나, 이제는 그 두 나라가 서로 원수가 되어 다투므로 걱정할 필요가 없습니다. 두 나라가 싸우는 동안에는 남쪽에 대한 염려가 없으니, 우리는 그 틈을 타서 당나라와 결전하여 중원으로 진출함이 옳습니다. 가납해 주옵소서!"

그러나 군부의 이러한 북진 남수 정책은 영류왕이 사대주의적인 남진 북수 정책을 고집하는 바람에 무위로 돌아가고 말았습니다.

영류왕 5년에 당나라 고조가 왕에게 조서를 보내어, 수나라 때 고구려군에게 사로잡힌 자기 나라 병사들을 되돌려달라고 간청했습니다. 왕이 나라 안에 있는 중국인 포로들을 모두 수색하여 돌려보내니 그 수효가 1만 명이나 되었습니다. 고조는 그 보답으로 왕에게 '상주국 요동군공 고구려왕'이란 직함을 내렸습니다.

영류왕 12년 8월에 신라의 장군 김유신이 고구려의 동쪽 변경을 침범하여 낭비성을 격파하였습니다. 낭비성은 지금의 충청북도 청주입니다.

이 무렵부터 고구려와 신라 사이에는 국운을 건 피투성이의 싸움이 벌어졌는데, 날이 갈수록 강해지는 신라의 막강한 전력 앞에 고구려군은 맥없이 물러서곤 하였습니다.

이듬해 2월에 왕이 백성들을 동원하여 천리 장성을 쌓게 했습니다. 북부여성에서 요동 반도 남쪽 끝에 이르는 이 성은 장차 있을지도 모르는 당나라의 침입에 대비한 것인데, 일설에 의하면 연개소문의 주청에 의해서 쌓게 된 것이라고 합니다.

영양왕 21년 10월에 고구려군이 신라의 북쪽 국경에 있는 칠중성(지금의 경기도 파주군 적성면)을 공격하자, 신라 장군 알천이 성 밖으로 나와서 싸웠습니다.

양군 사이에는 칼과 창으로 맞서는 처절한 백병전이 벌어졌으며, 신라군의 저항이 얼마나 격렬한지 마침내 고구려군이 패하고 말았습니다.

23년 9월에 해가 사흘 동안 빛을 잃어버린 일식이 있었습니다. 암흑에 갇힌 고구려의 도성에서는 백성들이 마음을 죄며 불안에 떨었습니다.

24년 봄에는 당 태종이 보낸 사신 진대덕이 고구려로 왔습니다. 그는 우리 나라 경내에 들어와 성과 마을을 지나갈 때마다 관원에게 예물로 비단을 주고, "나는 산수의 경치를 좋아하오. 옛부터 이 땅을 금수 강산이라 하였으니, 고구려의 아름다운 산수를 보고 싶소." 하고 말하였습니다.

사신의 속마음을 모르는 고구려의 관원들이 그를 안내하자, 진대덕은 유심히 지리를 살펴보았다가 귀국 후 태종에게 보고하였습니다. 태종이 그것을 듣고 크게 기뻐했습니다.

사신 진대덕은 임무를 빙자하여 고구려의 허실을 염탐했건만, 고구려 사람들은 그것을 전혀 눈치채지 못하였던 것입니다.

 이 무렵 고구려와 당나라의 관계는 매우 미묘했습니다. 당나라는 고구려를 향해서 싸우지 말고 평화롭게 지내자는 뜻을 자주 비쳐 오면서도 기회만 있으면 고구려의 속사정을 알아내려고 첩자를 파견했습니다.

 이에 맞서서 고구려도 국경과 해안의 경비를 엄중히 했는데, 그 까닭은 당나라의 첩자들이 육로로 들어와서 정탐을 마친 후 배를 타고 돌아가기 때문입니다.

 그러다가 첩자 하나가 고구려의 해상 경비대장에게 붙잡혔습니다. 연개소문을 존경하고 당나라에 대한 그의 강경책을 지지하는 경비대장은, 첩자가 만든 비밀 문서를 조정에 바치고 옥에 가두려다가, "아서라, 적을 보고도 공격하지 못하는 나라에 무슨 조정이 있을까 보냐!" 하고 문서는 모두 바다에 버리고, 첩자의 얼굴에다 다음과 같은 글씨를 새긴 다음 당나라로 돌려보냈습니다.

 당 태종 이세민에게 고하노라.
 금년에 만약 조공을 오지 않으면
 명년에 문죄하는 군사를 일으키리라.
　　고구려의 태대대로* 연개소문의
　　　　　군사 ○○○ 씀

 당 태종은 이것을 보고 크게 노하였습니다. 즉시 조서

를 내려 고구려를 침공하려고 하자 옆에 있던 신하가 태종에게 간하였습니다.

"이 글을 새긴 태대대로는 연개소문이 아닙니다. 누군지도 알 수 없는 연개소문의 부하의 죄로 맹약을 깨뜨리고 고구려를 치는 것은 옳지 않습니다. 먼저 사신을 보내어 고구려 왕에게 그 사정을 알아보는 것이 좋겠습니다."

당 태종이 그 말을 듣고 영류왕에게 밀서를 보냈습니다. 영류왕이 밀서를 보고 군사를 보내어 해상 경비대장을 잡아다가 문초했습니다.

"네놈이 이런 짓을 했느냐?"

"예, 소신의 소행이 틀림없습니다."

경비대장의 태도는 매우 당당하고 떳떳했습니다. 왕은 화를 벌컥 냈습니다.

"그렇다면 태대대로가 아닌 연개소문의 벼슬을 태대대로라고 쓴 것은 무슨 연유이며, 너에게 이 같은 무례한 짓을 시킨 것이 연개소문이었단 말이냐?"

"아니옵니다! 신은 아직 연개소문공을 만나 본 적도 없으며, 다만 공이 그런 높은 벼슬자리에 올라서 우리 나라를 넘보는 당나라를 쳐없앴으면 하는 심정에서 그렇게 했을 따름입니다."

영류왕은 기가 막혔습니다. 경비대장이 조정에 있는 수많은 대신 가운데 하필이면 연개소문의 부하(군사)임을 자처한 것도 화가 나거니와, 군사들 중에는 연개소문을 따르는 무리가 있어서 당나라를 칠 것을 선동하고, 언젠가는 반란을 일으킬지도 모른다는 생각이 들었던 것입니다. 대신들이 일제히 왕에게 주청했습니다.

"이 사건은 마마를 능멸하는 일이므로 엄히 다스려야 될 줄로 아옵니다. 특히 이 사건의 배후인 연개소문은 그가 직접 범인을 부추기지 않았다 하더라도 무리를 선동하여 인심을 사니 벼슬을 박탈하고 사형에 처하심이 옳은 줄로 아옵니다."

왕도 대신들의 주청에 동의했습니다.

그러나 전 같으면 왕명으로 군사 몇을 보내어 연개소문을 잡아오면 되겠지만, 서부대인*이란 높은 벼슬에 올라 군사들을 움직이고 있으니 쉬운 일이 아니었습니다. 왕이 근심하자 한 대신이 아뢰었습니다.

"연개소문은 머지 않아 천리 장성의 축성 감독으로 떠나게 되어 있습니다. 그때 마마께 하직 인사를 드리러 올 터인즉, 대궐 요소요소에 군사들을 숨겨 두었다가 모반한 죄를 선포하고 체포하면 쉽게 잡을 수 있으리라 사료되옵니다."

"옳소. 경의 계책이 비상하오!"

왕이 그 대신을 칭찬했습니다. 그리고 의견이 정해지자 대신들은 일제히 왕 앞에서 물러나와 그날이 오기만을 기다렸습니다.

그런데, 세상의 모든 일은 뜻대로 되는 것이 아닙니다. 어전 회의의 비밀은 그날로 누설되어 연개소문의 귀에 들어갔으며, 신변에 위험을 느낀 그는 부하 장사들과 모의하여 선수를 칠 계교를 세웠습니다.

연개소문은 축성 감독으로 떠나기 전날, 평양성 남쪽에서 데리고 갈 군사들의 사열식을 거행한다고 하며 그 자리에 왕과 여러 대신, 귀족 들을 초대하였습니다.

술자리까지 마련된 그 자리에 대신들은 참석하고 싶지 않았지만, 연개소문의 위세에 눌려 가기로 하고 오직 왕만은 존엄을 지켜 대궐에 남아 있었습니다.

대신들이 자리에 앉자 군악이 울려 퍼졌습니다. 연개소문이 술잔을 들고 건배를 제의했습니다. 대신들은 독한 술을 마시지 않을 수 없었습니다.

술이 몇 잔이나 돌아갔을까요? 갑자기 지켜 선 군사들 속에서, "나라의 도적을 쳐죽여라!" 하는 함성이 울려 나왔습니다.

그러자 대령해 있던 장사들이 번개같이 달려들어 칼과 몽둥이로 대신들을 내리쳤습니다. 순식간에 백여 명의 대신과 귀족들이 쓰러지고 술자리는 피바다가 되었습니다.

연개소문은 즉시 군사들을 거느리고 대궐로 들어가 막아 서는 수비병을 물리치고 영류왕을 시해하였습니다.

이것은 일종의 쿠데타요, 혁명이었습니다. 연개소문은

영류왕과 연개소문　193

영류왕을 죽인 후 곧 왕의 조카 보장을 맞아들였는데,
그가 바로 고구려 최후의 임금인 제 28 대 보장왕입니다.

---

*태대대로(太大對盧) : 고구려 14관등 중 제 1 위가 대대로이므로
 이런 벼슬은 없다. 연개소문이 정권을 잡은 뒤에 스스로 대막
 리지라 했는데, 이것이 곧 태대대로이다.
*서부대인(西部大人) : 고구려 5부 중의 하나인 연나부(서부)의
 우두머리.

연개소문의 독재와 요동성 싸움

 보장왕은 왕위에 올랐으나 그에게는 아무런 실권도 없었습니다. 연개소문이 스스로 대막리지(태대대로와 같음)가 되어 나라의 정사를 오로지하였기 때문입니다.
 개소문의 성은 본래 천(泉)씨인데, 후에 연(淵)씨로 바꾸었다고 합니다. '천'이나 '연'이나 모두 '물'을 뜻하는 글자이므로 우물이나 샘물을 신앙의 대상으로 삼은 고대인의 믿음에서 나온 것인 듯싶습니다.
 그래서 개소문은 스스로 물속에서 태어났다고 하며 여러 사람을 미혹하였습니다.
 개소문은 겉모습이 영걸하고 우람했으며, 그 행하는 바가 통이 크고 힘차서 거리끼는 것이 없었습니다. 그의 아버지 서부대인 연태조가 세상을 떠나자 그 뒤를 이어 벼슬에 오르고자 하였으나, 대신과 귀족들이 그의 성품이 과격하다 하여 반대했으므로 계승하지 못하였습니다.
 그러나 개소문이 곧 여러 대신과 귀족들을 찾아다니며

연개소문의 독재와 요동성 싸움   195

사죄하고 뉘우침을 보이자 애처롭게 여겨서 아버지의 직위를 잇도록 허락했습니다. 대신과 귀족 등 특권층에 대한 개소문의 미움은 여기서부터 싹텄는지도 모릅니다.

개소문은 대막리지의 자리에 오르자 백성을 다스리는 행정권과 군사를 움직이는 병권을 한손에 쥐고, 정치를 개혁하고 군비를 튼튼히 했습니다.

또 왕에게 아뢰어 당나라에서 도교*를 들여와, 유교· 불교·도교가 잘 어우러져서 문화가 어느 한쪽으로 기우는 것을 막고자 했습니다.

개소문은 그 위엄이 대단했습니다. 몸에 늘 칼 다섯 자루를 차고 다녔으며, 말에 오르거나 내릴 때에는 항상 귀족과 무장을 엎드리게 하여 그 등을 밟고 오르내렸습니다.

외출할 때도 반드시 병사들을 줄 세워서 이끌고 다녔는데, 앞에서 인도하는 자가, "대막리지의 행차시오!" 하고 소리치면 사람들이 모두 몸을 피하여 길가에 엎드려 있었습니다.

당 태종이 개소문이 영류왕을 죽이고 국정을 전단한다는 소식을 듣고 군사를 일으켜서 고구려를 치려고 했습니다.

그러나 이것은 겉으로 드러낸 핑계이고, 고구려를 대번에 무찔러서 예전에 수나라가 당한 수모를 씻고 중국의 위신을 되찾으려는 속셈이었습니다.
 장손무기라는 신하가 당 태종에게 간하였습니다.
 "개소문은 지금 우리가 고구려를 공격할 줄 알고 방비를 튼튼히 하고 있습니다. 함부로 칠 것이 아니라 때를 기다리심이 옳은 줄로 아옵니다."
 보장왕 2년 가을에 신라가 당나라에 사신을 보내어, "백제가 신라의 40여 성을 공격해서 빼앗고, 또 고구려와 군사를 연합하여 당나라에 입조하는 길을 막고 있습니다. 군사를 파견하여 구해 주옵소서!" 하고 간청했습니다.
 태종이 사신을 고구려에 보내어 보장왕에게 명령했습니다.
 "신라는 당의 맹방으로서 조공 바치는 것을 한 번도 거른 적이 없다. 왕은 곧 백제와 더불어 군사를 거두라. 싸움을 멈추지 않고 또다시 신라를 공격한다면 명년에 짐이 군사를 일으켜서 고구려를 칠 것이다."
 이것은 마치 아이들의 싸움을 말리는 어른의 말투 같았습니다. 개소문이 사신에게 말했습니다.
 "우리 고구려와 신라는 이미 사이가 벌어진 지 오래 되오. 지난번 수나라가 우리 나라로 쳐들어왔을 때, 신라는 그 틈을 타서 고구려 땅 5백 리를 침공하여 빼앗았소. 그때 잃어버린 우리 땅을 되돌려주지 않는다면 싸움은 그치지 않을 것이오."

이것은 정말 당당한 자주 선언이었습니다. 비록 중국이라 하더라도 남의 나라의 내정에 간섭할 수 없다는 뜻이었는데, 그래도 사신이 우기자 개소문은 그를 동굴에 가두었습니다.

함께 간 또 다른 사신에게 이 소식을 들은 당 태종은 화가 머리끝까지 치솟았습니다.

"연개소문이 그 임금과 대신들을 죽이고 짐의 명령까지 어겼다. 내 마땅히 군사를 일으켜서 그 불손함을 벌 주리라!"

보장왕 3년 7월에 당 태종은 4백 척의 군함에 군량을 싣게 하고 유주와 영주의 군사, 거란과 말갈, 해 등 항복한 오랑캐의 군단을 거느리고 먼저 요동성을 공격했습니다.

그해 10월, 평양성에 핏빛처럼 붉은 눈이 내렸습니다.

당 태종은 수륙 양군을 편성하여 형부상서 장량을 수군 대총관(총사령관)에 임명하고, 4만의 군사와 전함 5백 척을 이끌고 산동성 내주에서 출발하여 바다 건너 평양으로 쳐들어가게 했습니다.

또 장군 이세적을 육군 대총관으로 임명하여 보병과 기병 6만 명과 항복한 오랑캐의 군사들을 이끌고 요동성으로 향하게 했습니다. 그리고 태종 자신은 대본영*이 있는 중앙군에서 작전을 지휘하기로 하였습니다.

한편 연개소문은 이보다 앞서 요동성에 날쌘 병사 2만을 모아들이고 군량 50만 석을 비축하여 방비를 튼튼히 했습니다. 또한 요수(요하)에 수많은 병력을 배치하여 적의 군량을 실어 나르는 배를 치게 하였습니다.

이윽고 큰 싸움이 벌어졌습니다. 현도성과 신성 싸움에서는 성문을 닫고 굳게 지키다가 갑자기 적을 반격하여 당군의 부총관 이도종의 군사를 격퇴하는 전과를 올렸으나, 건안성 싸움에서는 수천의 고구려 군사가 당나라 군사에게 죽임을 당하는 슬픔을 맛보았습니다.

또 5월에 이르러 장량이 이끈 당나라 수군에 의해서 요동 반도 끝에 있는 비사성*이 함락되자 이세적은 요동성 바로 밑까지 쳐들어왔습니다. 적군은 성 바깥에 판 해자(성 밖으로 둘러서 판 못)를 흙으로 메우고 밤낮을 가리지 않고 공격을 퍼부었습니다. 북소리와 고함소리가 하늘과 땅을 뒤흔드는 것 같았습니다.

요동성 안의 고구려군은 죽기를 무릅쓰고 힘껏 싸웠으나, 적은 한없이 많고 아군은 적어서 포위된 지 12일 만에 성이 함락되고 말았습니다. 당군이 포차로 커다란 돌을 날려서 성문을 부수고, 성 안의 민가와 누각에 불을 질렀기 때문입니다.

요동성의 패전으로 고구려군이 입은 손해는 전사자 1만 명, 사로잡힌 군사 1만 명에 4만의 민간인이 포로로 잡혔습니다. 그러나 당나라 군사도 3만이 넘는 사상자를 냈으니 그 싸움이 얼마나 치열했는지 상상할 수 있을 것입니다.

＊도교(道敎) : 노자를 받드는 중국의 종교.
＊대본영(大本營) : 왕이 작전을 지휘하는 최고 통수부.
＊비사성(卑沙城) : 지금의 요양성 대련임.

안시성 싸움의 용장 양만춘

요동성이 함락되자 당나라 군사들은 진격을 거듭하여 백암성을 둘러빼고 파죽지세로 안시성에 육박했습니다.
안시성은 고구려에겐 더없이 귀중한 전략적인 요충이었습니다. 천산 산맥의 마천령과 궁장령 등 깎아지른 듯한 높고 험한 산봉우리로 둘러싸이고, 멀리 태자하의 평원이 전개되는 이곳은 가히 난공 불락의 요새라 할 만한 곳이었습니다.
연개소문은 당군이 안시성으로 향한다는 보고를 받고 북부 누살 고연수와 남부 누살 고혜진의 군사에다 말갈병 15만을 파견하여 안시성을 원조하도록 조처했습니다. 이 천혜의 요새에서 당 태종이 거느린 30만 대군과 천하를 판가름하는 결전을 벌이고자 했던 것입니다.
이때 안시성을 지키는 고구려측 장수는 양만춘이었습니다. 그는 성품이 강직하고 용감한 사람으로서 나라에 대한 충성심도 어느 누구보다 강했습니다.

안시성 싸움의 용장 양만춘

　연개소문의 정변이 일어났을 때 나라 안의 성주들은 모두 그의 발밑에 엎드려 한 마디도 불평을 하지 않았지만, 안시성주 양만춘은 눈을 똑바로 뜨고 그의 과격한 행동을 꾸짖었습니다.
　"지금 우리 고구려는 수 양제의 침입 이래 전쟁의 상처를 회복하지 못하고 민생이 도탄에 빠져 있소이다. 그런데 대막리지는 무슨 까닭으로 왕과 대신들을 죽이고 정치를 오로지하려는 것입니까? 이번 정변의 책임은 모두가 대막리지에게 있으니 앞장서서 수습하도록 하십시오."
　"뭣이라고?"
　연개소문은 화가 나서 책상을 손으로 치며 소리쳤습니다. 그리고 곧 군사를 거느리고 양만춘이 지키는 안시성을 공격하려고 나섰습니다.
　그러나 안시성은 지세가 험하고 지키는 군사들도 훈련이 잘 되어 있었습니다. 양만춘도 대막리지 연개소문이 쳐들어온다는 소식을 듣고 만반의 대비를 했습니다. 양군 사이에 밀고 밀리는 싸움이 벌어졌는데, 그러다가 연개소문은 생각을 달리하게 되었습니다.
　'양만춘이란 사나이는 보통 장수가 아니다. 지략과 용기가 뛰어난 인물이다. 언젠가는 반드시 쓰일 날이 있을 것이다.'
　그리하여 연개소문은 안시성주 양만춘에게 자진해서

화의를 제기했으며, 도로 성주 자리에 앉아 나라를 위해서 함께 일하자고 말했습니다.

양만춘도 연개소문의 이 사나이다운 의기에 감동하여 새롭게 충성을 맹세했습니다. 그리고 백성들을 잘 다스리고 굳센 병사들을 길러서 연개소문의 신임에 보답했습니다.

당 태종은 이세적을 공격군의 총사령관으로 내세우고 군사들을 독려하며 안시성으로 향했지만, 그 수비가 얼마나 견고한지 한 발짝도 접근할 수 없었습니다. 안시성 군사들은 성벽 위에서 북과 징을 울리며 금세 성문을 열고 쳐나올 듯이 하다가도 나오지는 않았으며, 다급히 움직이는 당나라 군사들을 향해 욕설을 퍼부으며 놀려댈 뿐이었습니다.

"야, 이 똥되놈들아! 여기까지 뭘 얻어먹으려고 찾아왔느냐? 으하하!"

태종과 이세적은 분해서 이를 갈았습니다.

"두고 봐라. 성이 함락되면 네놈들을 씨도 남기지 않고 죽일 것이다!"

그러는 사이에 성벽 위에서 화살이 비오듯이 날아왔고, 화살을 맞은 당나라 병사들은 여지없이 거꾸러졌습니다.

이렇게 안시성을 쳐다보며 포위하고 있는 동안에 어느덧 두 달이 지났습니다. 머지 않아 추운 겨울이 돌아옵니다. 당 태종의 마음은 조급하기 이를 데 없었습니다.

"성 동남쪽에 흙으로 토산을 쌓은 후 그 위에 올라가서 공격하라!"

명령이 떨어지자 수십만의 병사들이 목도를 메고 지게를 지고 흙을 퍼다가 토산을 만들었습니다. 태종 자신도 자루를 지고 손수 거들었습니다.

그러나 당군이 성 밖에서 토산을 쌓으면 성 안의 고구려군도 성벽을 더 높이 쌓아 올려 맞받아 쳤습니다. 수박만한 큰 돌을 날리는 포차와 아름드리 통나무로 성문을 쳐부수는 바퀴 달린 당차를 동원하여 돌을 날려보내고 성벽과 성문을 강타했지만, 그럴 때마다 안시성의 수비군은 나무 울타리를 높이 쳐서 이것을 막았습니다.

그러다가 당나라 진영에서 큰 사고가 일어났습니다. 부복애라는 용감한 장수가 토산 위에서 군사들을 지휘하며 성 안에 공격을 퍼붓고 있었는데, 빗물이 스며들었는지 흙더미가 무너져서 토산이 주저앉아 버렸던 것입니다.

그 사고로 수천 명의 당군이 흙더미에 깔려서 죽었으며, 그 틈을 타고 고구려군 수백 명이 뛰쳐나와 토산을 점령했습니다.

이제 형세는 역전되었습니다. 토산을 점령한 고구려군은 높은 곳에서 화살을 쏘아 도망다니는 당나라 군사들을 죽였습니다. 공격할 거점을 잃어버린 당군은 뒤로 물러서지 않을 수 없었습니다.
 그러자 기후가 갑자기 싸늘해졌습니다. 어느덧 풀이 말라 빛을 잃었고, 연못의 물에 살얼음이 끼었습니다. 군량도 서서히 바닥이 나기 시작했습니다.
 "이거 큰일났군. 이러다가는 안시성을 둘러빼지도 못한 채 무서운 동장군을 만나게 되겠다."
 따뜻한 남쪽 지방에서 온 당나라 군사에겐 무엇보다도 겨울이 무서웠던 것입니다.
 어느 날, 새벽같이 공격을 퍼붓던 당태종은 안시성 안에서 닭과 돼지 울음 소리가 들려 옴을 알았습니다. 태종이 총사령관 이세적에게 물었습니다.
 "성을 포위한 지 오래 되어 날이 갈수록 밥짓는 연기가 가늘어지는데, 지금 닭 울음 소리와 돼지 우는 소리가 들려 오니 어찌된 까닭이오?"
 이세적이 싸우다 말고 아뢰었습니다.
 "성 안에 아직도 버틸 만한 양식이 남아 있다는 증거입니다. 어쩌면 고구려는 군사들을 배불리 먹이고 우리를 습격할지도 모르겠습니다. 군사들을 엄히 단속하여 대비하심이 좋을 줄로 아옵니다."
 그러나 이것은 안시성주 양만춘장군의 계교였습니다. 두 달이 넘게 포위당한 성 안에 양식이 넉넉할 리 없었습니다. 그래서 장군은 닭 울음 소리와 돼지 우는 소리를 그럴듯하게 흉내내는 병사를 시켜서 울게 하여, 안시성 안에 아직도 먹을 것이 많은 것처럼 알렸던 것입니다.

그러는 동안에도 고구려군의 공격은 점점 거세어졌습니다. 이제는 성 안의 남녀 노소가 모두 활을 잡고 쏘아 댔으며, 여자들은 주먹만한 돌을 치마폭에 싸서 성벽 위의 군사들에게 갖다 주었습니다. 석 달 동안 짓눌렸던 고구려 백성들의 울분이 일제히 치솟아 당나라 군사들을 내몰기 시작했던 것입니다.

일설에 의하면, 당 태종은 이때 말 위에 앉아서 지휘하다가 고구려군이 쏜 화살이 왼쪽 눈에 꽂혀 낙마했다고 합니다. 이것을 본 고구려군은 일제히 함성을 지르며 적진 깊숙이 뛰어들어 칼을 휘둘렀고, 당황한 당나라 군사들은 힘없이 쓰러졌습니다.

"전군은 후퇴하라!"

마침내 말머리를 돌려 세운 당 태종의 입에서 후퇴 명령이 떨어졌습니다. 그나마 대항하던 당나라 군사들은 무기를 거둔 채 걸음아 날 살려라 하고 뺑소니를 쳤습니다.

바로 이때 안시성 성벽 위에 황금빛 갑옷을 입은 한 장수가 나타났습니다. 안시성주 양만춘장군이었습니다.

"안녕히 가십시오, 폐하!"

양만춘장군은 뒤돌아서서 달려가는 당 태종을 향해 가볍게 고개를 숙여 인사하고 손을 흔들었습니다. 땀과 먼

지투성이의, 햇볕과 바람에 그을린 검은 얼굴이었지만 양만춘장군의 얼굴에서 고구려 사나이의 높은 기개를 엿볼 수 있었습니다.

후퇴하던 당 태종도 그 소리를 들었습니다. 태종도 말을 세우고 이 무인다운 작별 인사에 손을 들어서 답했습니다. 그리고 비단 백 필을 안시성으로 보내어 양만춘장군의 충성과 용기에 경의를 표했습니다.

이 고구려 원정의 패전으로 당나라 군사가 입은 인명의 손실은 16만, 매운 바람 몰아치는 요동 땅 8백 리의 진흙길을 걸어서 장안*에 이르렀을 때 살아 남은 병사는 불과 2천 명밖에 되지 않았다고 합니다.

"아, 위징*이 살아 있었다면 짐의 무모한 고구려 원정을 막아 주었을 것을! ……"

위징은 당 태종이 무엇이든 일을 서두르려 할 때 그것을 적극적으로 간했던 명신이었던 것입니다.

---

*장안(長安): 당나라의 수도. 지금의 서안(西安).
*위징(魏徵): 당나라 초기의 명신. 간의대부, 문하시중 등을 역임했다.

나라를 망하게 한 형제 싸움

　보장왕 25년에 대막리지 연개소문이 세상을 떠나자 그의 아들 남생이 아버지의 뒤를 이어 막리지가 되었습니다. 모든 국정이 남생의 손에서 움직이고, 관원들의 인사권까지 주관하였습니다.
　남생에게는 동생 둘이 있었는데 이름을 남건, 남산이라고 했습니다. 국정을 맡은 지 얼마 되지 않아서 남생은 나라 안의 여러 고을을 돌아보려고 출장을 떠났습니다. 자기가 도성을 비운 사이의 일들은 두 동생에게 맡겼습니다.
　그러자 어떤 자가 남건과 남산을 찾아가서 말했습니다.
　"조심하십시오. 막리지는 당신들이 자기 지위를 뺏을까 염려하여 없앨 생각을 하고 있습니다."
　그러나 남건과 남산은 그 말을 믿지 않았습니다. 성격이 순하고 예절바른 형이 설마 자기들을 의심하랴 싶었던 것입니다.
 그럼에도 뭔가 마음에 거리끼는 것이 없지 않았습니다.
 이 교활한 이간자는 시찰을 떠난 남생도 찾아가서 거짓으로 일러바쳤습니다.
 "막리지는 알고 계실지 모르겠으나, 남건과 남산은 형이 돌아오면 정권을 빼앗길까 두려워 손을 쓰고 있답니다. 아마 서울(평양성)로 돌아가시고자 해도 길을 막고 받아들이지 않을 것입니다."
 남생도 그 말을 믿지 않았습니다. 피를 나눈 두 아우가 그렇게 하리라고는 생각할 수 없었기 때문입니다.
 그럼에도 염려가 되어, 심복을 평양성으로 보내서 아우들의 행동을 살피라고 했습니다.
 그런데 공교롭게도 그 부하가 남건과 남산에게 붙잡혔습니다.
 "아, 역시 그랬었구나! 형은 우리를 의심하고 있다. 앉아서 당하느니 선수를 치는 수밖에 없겠다."
 이리하여 두 아우는 형의 심복을 옥에 가두고, 왕명을 사칭하여 남생을 곧 돌아오라고 불렀습니다.
 남생은 부하가 돌아오기 전에 왕명으로 귀환 명령이 내린 터라, 그제서야 아우들의 배신을 믿게 되었습니다. 지금 잘못 돌아갔다가는 함정에 빠질지도 모릅니다. 그래서 남생은 왕명임에도 불구하고 멈칫대며 돌아가지 않앉습니다.

그러자 남건이 스스로 막리지가 되어 형의 큰아들 헌충을 잡아죽이고, 왕명을 거역했다는 이유로 형 남생을 체포하기 위한 군사를 일으켰습니다.

남생은 국내성으로 몸을 피하여 잡혀가는 화를 면했지만 화가 치밀어 견딜 수가 없었습니다. 그리하여 함께 데리고 떠난 둘째 아들 헌성을 당나라로 보내서 구원을 청했습니다.

당 고종은 계필하력이란 장수를 보내어 남생의 망명을 돕게 했는데, 이것이야말로 당이 노리던 바였던 것입니다.

남생이 장안으로 오자 고종은 그를 후대하여 '특진 요동 도독 겸 평양도 안무대사'란 벼슬을 내리고, 태종 때 고구려에 침입한 장군 이적(이세적의 개명한 이름)과 함께 고구려를 치도록 시켰습니다.

남생은 이제 두 아우에 대한 증오로 눈이 멀고 자기가 태어난 조국에 원한을 품어, 지난날 아버지 연개소문이 지키고자 애썼던 고구려를 치지 않을 수 없게 된 것입니다.

남생이 이적과 함께 당군을 이끌고 요하를 건너 요동을 공격하자 고구려의 신성 이하 16개의 성이 모두 함락되었습니다. 당나라 장수 설인귀는 남소·목저·창안 등 3개의 성을 둘러빼고 고구려군 5만을 죽였으며, 수군 총

나라를 망하게 한 형제 싸움

관 곽시붕은 수군을 거느리고 평양성으로 육박했습니다.

막리지 남건과 그의 아우 남산은 크게 놀랐습니다. 전국 각지에 있는 성주에게 파발을 띄워 쳐들어오는 당나라 군사들을 맞아서 적극 싸우라고 명령했지만, 형제간의 분열로 말미암아 명령이 제대로 시행되지 않았습니다.

보장왕 27년 4월에 꼬리가 붉은 혜성이 동북쪽 밤하늘에 나타났습니다.

9월에 당군이 평양성을 공격하자 보장왕이 남산을 시켜서 백기를 들고 나가 항복하게 했습니다. 그러나 막리지 남건은 성문을 굳게 닫고 싸웠습니다.

당나라 군사들의 맹렬한 공격 앞에 닷새를 버티던 남건이 자살을 꾀했으나 미수에 그치고, 보장왕과 함께 사로잡히는 치욕을 당했습니다.

이리하여 고구려는 동명성왕 주몽이 나라를 세운 지 28왕, 705년 만에 역사의 무대에서 사라지고 말았습니다. 백제가 신라와 당의 연합군에게 망한 지 8년 후의 일이었습니다.

한때는 만주 일대와 한반도 이북의 넓은 땅을 다스리며 영화를 누리던 큰 나라였건만 연개소문의 세 아들의 추악한 형제 싸움에 휘말려 어이없이 망하고 말았으니, 슬픈 일이 아닐 수 없습니다.

고구려가 망한 후 그 유민들은 신라로 옮기거나 말갈

족과 돌궐족의 땅으로 뿔뿔이 흩어졌습니다. 그러나 일부는 망국의 땅인 요동벌에 끈질기게 살아 남아서 대조영이 발해를 건국할 때 그 아래 모여들어, 고구려의 영혼인 잃어버린 땅을 되찾으려는 '다물 정신'이 결코 죽지 않았음을 보여주었습니다.

영웅들의 발자취를 더듬어

I

　우리의 옛역사 속에 깃든 이야기를 어린 독자들에게 동화처럼 읽게 하는 방도가 없을까? —— 이것은 내가 오랫동안 품어 오던 꿈이요 소망이었습니다.
　그러나 우리의 옛역사책은 모두가 읽기 어려운 한문으로 되어 있고, 그 서술도 지나치게 장황하거나 간략하여 이것을 쉽게 풀어서 재미있는 이야기로 꾸민다는 것은 쉬운 일이 아니었습니다.
　창작과비평사의 여러 벗들에게 "내가 '고구려 이야기'를 쓰겠소!" 하고 선언한 이후 만 3년 동안 단 한 줄의 글도 쓰지 못한 것도 바로 그 때문이었습니다.
　특히 내가 쓰고자 하는 고구려 이야기는 "삼국사기"와 "삼국유사"에 기년체(紀年体)로 단편적인 이야기만이 실려 있을 뿐, 하나의 줄거리로 된 이야기는 좀체로 찾아보기 힘든 상태였으므로, 이러다가는 정말 쓰지 못하게 되지 않을까 하고 자신 있게 말한 것이 후회가 될 때도 있었습니다.

그러다가 올 여름에 나는 병이 나서 앓아 눕게 되었습니다. 물론 이 숙제 때문에 난 병은 아니고, 살아가는 일에 시달리다 보니 피로가 겹쳐서 눕게 된 것인데, 무덥고 지루한 여름날, 마루에 누워 어렸을 때 뛰놀던 만주 벌판을 생각하다가 '옳지, 이렇게 쓰면 되겠다!' 하는 생각이 떠올랐던 것입니다.

즉, 역사 속에 깃든 설화를 따로 떼어 쓸 것이 아니라 있는 그대로 그 속에 담아서 역사와 설화가 한덩어리의 살아 움직이는 유기체가 되도록 써나간다면 재미있는 글이 되겠다고 생각한 것입니다.

2

고구려의 역사는 영웅들의 역사요, 문화 또한 영웅들의 문화였습니다. 고구려를 세운 동명성왕 주몽은 활의 명수였고, 고구려의 영토를 넓혀서 대제국을 건설한 광개토대왕도 뛰어난 전략가였습니다. 또 고구려를 거듭되는 외적의 침입으로부터 지켜 준 을지문덕, 양만춘 같은 호국의 영웅도 모두가 빼어난 무장들이었습니다.

그러기에 고구려의 문화는 남성적인 웅혼한 빛과 힘으로 약동하고 있습니다. 지금도 남아 있는 광개토왕비의 획이 굵은 힘찬 글씨와 무용총, 쌍영총, 사신묘 등에 그려진 벽화만 보더라도 고구려의 문화가 얼마나 대륙적인 영웅 정신으로 넘쳐 있었는가를 알 수 있습니다.

고구려는 그 북쪽과 서쪽, 동쪽이 강력한 기마 민족인 말갈족·돌궐족·선비족·한족 등으로 둘러싸여 있었고, 남쪽에서는 백제·신라와 국경을 맞대고 있었기 때문에 항상 외침에 대비하지 않을 수 없는 상황에 놓여 있었습니다.

고구려인의 영웅적인 상무(尙武) 정신은 바로 그러한 상황 속에서 이룩되었으며, 그것은 보장왕을 끝으로 28왕 705년 만에 망할 때까지 계속되었습니다. 고구려가 건국 이래 '다물 정신'을 강조한 것도 그 때문인데, 다물이란 곧 "외적에게 잃어버린 옛땅을 되찾자."는 것이었습니다.

그러나 이처럼 영웅적인 문화를 건설한 고구려에도 역사적으로 아쉬운 점이 없지 않았습니다. 꼬리를 물고 일어나는 전쟁으로 지새다 보니 고구려의 역사와 문화에서는 현실을 뛰어넘을 수 있는 여유와 멋을 찾아보기 어려웠습니다. 각박한 현실이 그것을 용납하지 않았을지도 모르지만, 그것이 바로 막강한 군사력을 가지고도 그 점에서 뒤진 신라에게 통일의 기회를 빼앗기는 원인이 되지 않았을까 하고 추측되었습니다.

또 하나는 고구려의 강력한 지배 체제에 문제가 있었던 것 같습니다. 왕을 둘러싼 특권 귀족과 일반 민중 사이에는 정치적으로나 사회적으로나 뛰어넘을 수 없는 흠

이 패어 있었던 것 같으며, 이것은 지배자가 어둡고 어리석어 포학해졌을 때 그 실체를 드러내곤 했습니다.

고구려 민중들의 헌신적인 애국심에도 불구하고 연개소문의 독재와 그 뒤를 이은 어리석은 후계자들의 집안 싸움으로 이 동방의 빛나는 나라가 하루아침에 망한 것은 우리 나라 역사상 가장 비극적인 사실이 아닐 수 없습니다.

3

그럼에도 불구하고 고구려의 역사는 우리에게 많은 뉘우침과 교훈을 안겨 주었습니다. 요즘에도 더러 "삼국의 통일을 신라가 아닌 고구려가 했더라면 어떻게 되었을까?" 하고 생각하는 사람이 있을 정도로, 고구려의 영광은 통일 신라 이후 한반도 안에 쪼그라들어 오금을 펴지 못하고 있는 한국인의 의식에 날개를 펴고 훨훨 날아가는 꿈의 불새를 북돋우어 주고 있습니다. 저 광활한 요동 반도와 만주 벌판, 그곳은 우리 조상들이 피와 눈물, 살과 뼈로 일군 고구려인의 영토였기 때문입니다.

이제 그 잃어버린 땅으로 가볼 수 있는 길은 열렸습니다. 거기에는 지금도 수십만 명의 우리 겨레가 고유한 문화를 간직한 채 살고 있으며, 또 조선족 자치 정부라는 행정 조직도 지니고 있습니다. 비록 국적은 중국으로 되어 있지만 그곳에 사는 우리 동포들의 가슴속에는 대고구려인의 영혼이 살아 숨쉬고 있는 것입니다.

　내 어렸을 때의 놀이마당이었던 해란강 기슭의 작은 마을을 마음에 떠올리며 이 글을 마무립니다.

조국분단 45년 9월 9일
민　　영

참고한 책들

- 김부식 편찬, 이병도 역주, "삼국사기", 을유문화사, 1983.
- 일연 지음, 이민수 역주, "삼국유사", 을유문화사, 1983.
- 일연 지음, 이동환 역주, "삼국유사", 삼중당, 1975.
- 신채호 지음, "조선상고사", 동서문화사, 1977.
- 김소운 지음, "삼한 옛이야기"(日文), 고단사, 1985.
- 김동인 지음, "동인 사담집", 홍자출판사, 1969.
- 김성훈 지음, "옛땅 우리 얼", 한국일보 연재, 1988.

고구려 왕계표
(28왕 705년)

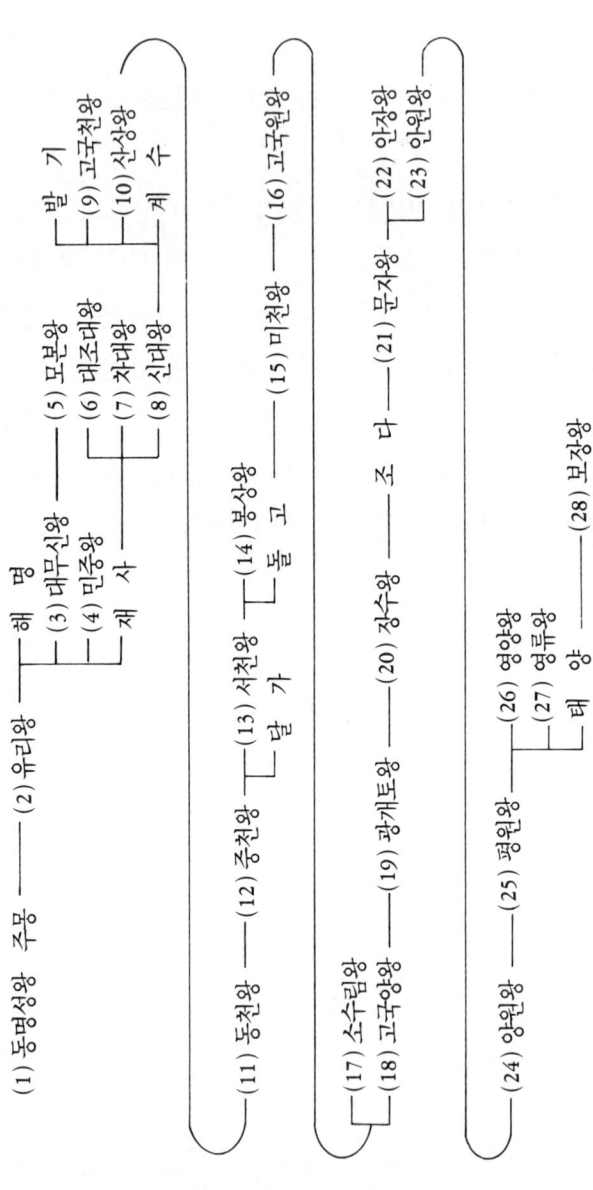

삼국 비교 요람

	고 구 려	신 라	백 제
건 국	동부여 출신인 동명성왕 주몽에 의해서 나라가 세워졌다. 처음 나라 이름을 '졸본부여'라고 했으나 후에 '고구려'로 고쳐 불렀다. 단기 2297년 (기원전 37년)	한반도의 동남쪽 진한 지방에 나라를 세우고 6부 촌장의 추대로 박혁거세가 제1대 왕이 되었다. 나라 이름은 처음에 '서라벌'로 정했으나 후에 '계림'으로 바뀌고 다시 고쳐서 '신라'가 되었다.	고구려의 시조 동명성왕의 셋째 아들 온조에 의해서 나라가 세워졌다. 처음 나라 이름을 '십제'라고 했으나 후에 '백제'로 고쳤다. 단기 2316년 (기원전 18년) 고구려보다 약 20년이 늦다.
국 토	지금의 황해도 이북, 강원도 이남 지방에서 시작하여 북으로는 중국의 흑룡강 유역까지, 서쪽으로는 요동 반도 전역과 요수 일대에 이르는 대왕국을 건설하였다. 고구려가 멸망한 후에는 이 자리에 대조영이 세운 발해가 들어앉았다.	건국 초기에는 지금의 경상 남·북도 지방인 진한에 국한되었으나 법흥왕 때 변한 지방에 있는 가락국을 병합하여 국토를 넓혔다. 삼국 통일 이후에는 북쪽으로 평안북도, 함경북도 일부 지방에까지 진출하여 발해국과 국경이 잇닿게 되었다.	건국 초기에는 지금의 북한산 이남인 한강 유역에 나라를 세웠으나, 차츰 남쪽으로 세력을 뻗쳐서 경기도, 충청 남·북도, 전라 남·북도 전역을 장악하였다. 북쪽으로는 고구려, 동쪽으로는 신라와 국경이 잇닿아서 분쟁이 자주 벌어졌다.
수 도	① 졸본성(지금의 중국 흥경 동부) ② 국내성(지금의 중국 집안현 통구. 옛 이름은 '위나암성'이라고 함.) ③ 장안성(지금의 평안남도 평양시 교외)	금성·월성·명활성 등으로 불렸는데, 모두가 경상북도 경주에 있었다. →서라벌	① 위례성(지금의 경기도 하남시 일대) ② 웅진성(지금의 충청남도 공주시) ③ 소부리(지금의 충청남도 부여시)→사비성

	고구려	신라	백제
관 제	대대로(수상 : 막리지) 이하 태대형·울절·대부사자·조의두태형·대사자·대형가 등 14관등이 있었고, 지방에는 누살(태수)을 두어 군정과 민정을 겸하게 하였다.	정부는 집사성 아래 병부·조부·창부·예부 등 10부가 있었으며, 관직은 각각 이하 17관등으로 나뉘어졌다. 지방에는 도독과 군주를 두어 행정과 군사를 각각 맡겼다.	관등은 16품으로, 좌평(1품) 이하 달솔·은솔·덕솔·간솔·나솔·장덕·시적·고덕·계덕·대덕·문독·무독·좌군·진무·극우 등으로 나뉘었다. 내관 12부, 외관 10부.
문 화	유·불·도 3교를 정립시키고 당나라에 유학생을 파견하여 앞선 문화를 받아들였다. 고구려는 특히 건축·미술 부문에 뛰어난 솜씨를 보여 무용총·쌍영총 등 옛 무덤 내부에 그려진 웅장하고 아름다운 벽화와 광토대왕릉비의 글씨 등이 유명하다.	법흥왕 이후 불교가 융성하여 공예 미술이 크게 발달했다. 석굴암·첨성대·천마총·분황사탑 등 건축과 조각에 뛰어나고 금관·사리함 등 공예의 걸작들을 남겼다. 또 일찍부터 향찰(이두문)을 발전시켜서 한문을 우리식의 글로 읽게 했으며, 화랑 제도를 두어 나라에 쓰일 유능한 인재를 키웠다.	유교와 불교가 성해서 건축·공예 등에 뛰어난 작품을 남겼다. 무령왕릉, 각 사찰의 부처와 탑비 등에서 백제의 옛장인들의 솜씨를 엿볼 수 있으며, 바다 건너 일본과도 교류하여 그곳에 불교와 유교, 미술·경전 등을 전해 주었다.
제 사	음력 10월에 하늘에 큰 제사를 올리고 밤낮으로 노래와 춤을 즐기는데 이를 '동맹'이라고 한다. 이것은 부여의 추수 감사절인 '영고'에서 유래한 것이다.	시조 혁거세왕의 사당을 세워 춘하추동으로 제사를 지내고, 역대 왕의 위패를 모신 종묘와 사직단에도 제사를 올린다. 또 3산·5악 등 명산대천에도 제사를 지냈다.	매년 2·5·8·11월에 왕이 5방 신에게 제사를 지내며, 또 백제 왕실의 조상인 동명성왕의 묘에도 철따라 제사를 올린다.

	고 구 려	신 라	백 제
옷차림	머리에 고깔 모양의 절풍을 쓰고 2개의 새 깃을 꽂았다. 귀족은 그 관을 '소골'이라 하는데, 보라색 비단으로 만들고 금과 은으로 장식했다. 소매가 큰 적삼과 통이 큰 바지를 입었으며, 흰 가죽띠에 누런 가죽신을 신었다. 여자는 치마 저고리에 단을 댄 것을 입었다.	머리에는 신분에 따라서 비단·명주·무명·베로 만든 복두(두건의 일종)를 쓰고 몸에는 무명과 베로 만든 겉옷과 바지를 입었다. 허리에는 신분에 따라 옥·놋쇠·쇠·구리로 만든 띠를 둘렀으며, 신은 가죽·삼실 등으로 만든 것을 신었다. 높은 벼슬아치의 옷차림은 중국을 본받아서 보라색, 붉은색, 푸른색, 누른색 옷을 입고 머리에는 비단으로 만든 관을 썼다.	백제의 의복은 대략 고구려와 같다. 제사를 지낼 때는 머리에 쓴 관 양쪽에 날개를 붙이지만 여느 때는 붙이지 않는다. 벼슬에 따라 허리에 띠는 띠의 색깔이 다른데, 1품서 7품까지는 보라색 띠, 8품은 검은 띠, 9품은 붉은 띠, 10품은 푸른 띠, 11~12품은 누른 띠, 13~16품은 흰 띠를 둘렀다.
대외관계	서북쪽에 강력한 한족과 말갈족, 선비족들의 나라가 도사리고 있어서 공격과 수비, 평화적인 교류와 전쟁을 되풀이하였다. 특히 수·당 등 중국에서 일어난 강대국과 싸워서 이겨 국위를 나라 안팎에 떨쳤으며, 신라·백제와도 싸워서 이겨 위세를 크게 떨쳤다.	한반도 남동쪽에 웅크린 신라는 고구려와는 처음 얼마 동안 조공을 바쳐서 평화적인 관계를 유지했으나, 서남쪽에 있는 백제와는 국경 문제로 싸우는 일이 많았다. 중국에서 당이 일어나자 그 힘을 빌어 백제와 고구려를 멸망시키고 삼국을 통일했다.	처음에는 고구려와 자주 싸웠으나 후에는 신라와 싸우는 일에 힘을 쏟았다. 신라와 연합한 당나라 군사들의 침입을 받고 멸망했는데, 바다 건너 왜국과도 친교가 두터워 백제 멸망 이후 많은 유민이 왜국으로 건너갔다.

	고 구 려	신 라	백 제
인 물	을파소·창조리·명림답부·연개소문(이상 정치가) 을지문덕·온달·양만춘(이상 장군)	김유신·이사부·김인문·장보고(장군) 김춘추·거칠부·박제상(정치가) 원효·의상(고승) 최치원·설총(학자) 강수·김대문(문장) 솔거(화가) 우륵(음악가) 김생(명필)	우간·마려·계백(명장) 성충(충신) 왕인(학자 : 일본에 학문을 전해 줌)
멸 망	나·당 연합군의 공격을 받고 패하여 보장왕을 마지막으로 멸망했다. 28왕 705년.	제56대 경순왕이 자진하여 고려 태조 왕건에게 항복했다. 56왕 992년	나·당 연합군의 침입으로 의자왕 22년에 멸망했다. 31왕 678년

창비아동문고 114
고구려 이야기

1989년 12월 10일 초판 1쇄 발행
2012년 3월 6일 초판 41쇄 발행

지은이 민　영
펴낸이 강일우
펴낸곳 (주)창비
등록 1986. 8. 5. 제85호
주소 413-120 경기도 파주시 회동길 184
전화 031-955-3333
팩스 031-955-3399(영업) 031-955-3400(편집)
홈페이지 www.changbikids.com
전자우편 enfant@changbi.com

ⓒ 민영 1989
ISBN 978-89-364-4114-2 73810

* 이 책 내용의 일부 또는 전부를 재사용하려면
  반드시 저작권자와 창비 양측의 동의를 받아야 합니다.
* 책값은 뒤표지에 표시되어 있습니다.

창비 어린이 책 총목록

1. 꼬마 옥이 / 이원수 동화집
2. 못나도 울엄마 / 이주홍 동화 소설집
3. 사슴과 사냥개 / 마해송 동화집
4. 똘배가 보고 온 달나라 / 5인 동화집
5. 사과나무밭 달님 / 권정생 동화집
6. 해와 같이 달과 같이 / 이원수 소년소설
7. 아름다운 고향 / 이주홍 소년소설
8. 작은 어릿광대의 꿈 / 손춘익 소년소설
9. 고향을 지키는 아이들 / 박상규 동화집
10. 밤에 온 눈사람 / 이준연 동화 소설집
11. 병아리의 꿈 / 강정규 동화집
12. 날개 달린 아저씨 / 이현주 동화선집
13. 사랑하는 악마 / 이주홍 동화집
14. 몽실 언니 / 권정생 소년소설
15. 세발 강아지 / 이준연 장편동화
16. 파랑도 / 강정훈 동화집
17. 작은 그림책 / 송재찬 동화집
18. 마루 밑의 센둥이 / 손춘익 장편동화
19. 오세암 / 정채봉 동화집
20. 세모돌이의 웃음 / 윤일숙 동화집
21. 나루터 삼총사 / 안석강 소년소설
22. 새를 날려 보내는 아저씨 / 손춘익 동화집
23. 한국 전래 동화집 1 / 이원수·손동인 엮음
24. 한국 전래 동화집 2 / 이원수·손동인 엮음
25. 한국 전래 동화집 3 / 이원수·손동인 엮음
26. 한국 전래 동화집 4 / 이원수·손동인 엮음
27. 한국 전래 동화집 5 / 이원수·손동인 엮음
28. 한국 전래 동화집 6 / 이원수·손동인 엮음
29. 한국 전래 동화집 7 / 이원수·손동인 엮음
30. 한국 전래 동화집 8 / 손동인 엮음
31. 한국 전래 동화집 9 / 손동인 엮음
32. 한국 전래 동화집 10 / 손동인 엮음
33. 한국 전래 동화집 11 / 최내옥 엮음
34. 한국 전래 동화집 12 / 최내옥 엮음
35. 한국 전래 동화집 13 / 최내옥 엮음
36. 한국 전래 동화집 14 / 최내옥 엮음
37. 한국 전래 동화집 15 / 최내옥 엮음
38. 그림 없는 그림책 / 안델센 지음 김영무 옮김
39. 바보 이반의 이야기 / 똘스또이 지음 이종진 옮김
40. 캘린더 이야기 / 요한 페터 헤벨 지음 이정순 옮김
41. 베니스의 상인 / 찰스 램·매리 램 엮음 현기영 옮김
42. 로미오와 줄리엣 / 찰스 램·매리 램 엮음 김태언 옮김
43. 사람은 무엇으로 사는가 / 똘스또이 지음 이종진 옮김
44. 누가 진짜 왕일까요 / 그림 형제 모음 차경아 옮김
45. 지빠귀 수염 왕자 / 그림 형제 모음 차경아 옮김
46. 사자왕 형제의 모험 / 아스트리드 린드그렌 지음 김경희 옮김
47. 행복한 왕자 / 오스카 와일드 지음 이지민 옮김
48. 요술 모자와 무민들 / 토베 얀손 지음 김경희 옮김
49. 안녕 할아버지 / 엘피 도넬리 지음 차경아 옮김
50. 니코 오빠의 비밀 / 알키 지음 최선경 옮김
51. 우정의 거미줄 / E.B. 화이트 지음 김 경 옮김
52. 백범 김 구 / 신경림 지음
53. 윤봉길 의사 / 방영웅 지음
54. 이육사 / 김명수 지음
55. 탐험가 난센 / 민병산 지음
56. 반 고흐 / 신연숙 지음
57. 우리 반 순덕이 / 이오덕 엮음
58. 이사 가던 날 / 이오덕 엮음
59. 우리 집 토끼 / 이오덕 엮음
60. 나도 쓸모 있을걸 / 이오덕 엮음
61. 웃음이 터지는 교실 / 이오덕 엮음
62. 꽃 속에 묻힌 집 / 이오덕·이종욱 엮음
63. 너를 부른다 / 이원수 동시전집
64. 개구리 울던 마을 / 이오덕 동시선집
65. 한국 전래 동요집 1 / 신경림 엮음
66. 한국 전래 동요집 2 / 신경림 엮음
67. 참새네 말 참새네 글 / 신현득 동시선집
68. 누가 그랬을까 / 이종택 동시선집
69. 날아라 새들아 / 윤석중 동요선집
70. 어머니 무명치마 / 김종상 동시선집
71. 해바라기 얼굴 / 권오삼·고형렬 엮음
72. 신라 이야기 1 / 윤경렬 지음
73. 신라 이야기 2 / 윤경렬 지음
74. 제주도 이야기 1 / 현길언 지음

75	제주도 이야기 2 / 현길언 지음
76	불교 이야기 1 / 김용덕 지음
77	불교 이야기 2 / 김용덕 지음
78	백두산 민담 1 / 가린 미하일롭스끼 지음 김녹양 옮김
79	백두산 민담 2 / 가린 미하일롭스끼 지음 김녹양 옮김
80	소금 장수의 재주 / 김창완 지음
81	우리 함께 살아요 / 애너벨 딘 지음 홍충옥 옮김
82	바다 이야기 / 마이클 브라운 엮음 권태선 옮김
83	어여쁜 바실리사 · 러시아 민화집1 / 아파나쎄프 지음 김녹양 옮김
84	이반 왕자와 불새 / 아파나쎄프 지음 김녹양 옮김
85	왕과 정원사 · 페르시아 민화집 1 / 김정위 옮김
86	무하메드 왕자와 사과 아가씨 / 김영연 편역
87	꾀보 살람 / 정영림 편역
88	마법에 걸린 거인 · 유럽 민화집 1 / 최영수 · 이지민 · 권태선 엮음
89	물고기 소년의 용기 · 유럽 민화집 2 / 홍충옥 · 최승자 옮김
90	가수 당나귀 · 인도 민화집 / 이정호 편역
91	어머니를 그리는 모래섬 · 중국 민화집 1 / 민영 편역
92	호리병박에서 나온 아가씨 · 중국 민화집 2 / 민영 편역
93	원숭이 재판관 · 중국 민화집 3 / 민영 편역
94	쩌우 까우 이야기 · 베트남 민화집 / 김기태 편역
95	함지박을 쓴 소녀 · 일본 민화집 1 / 김인한 편역
96	꿈꾸는 동자 · 일본 민화집 2 / 김인한 편역
97	반쪽이 삼파파스 · 말레이지아 민화집 / 정영림 편역
98	바보 마을의 영웅 · 아프리카 민화집 / 송미루 편역
99	그리스 · 로마 신화 1 / 권태선 편역
100	그리스 · 로마 신화 2 / 권태선 편역
101	개구쟁이 산복이 / 이문구 동시집
102	소년 안델센 / 최선경 지음
103	호비트의 모험 1 / J.R.R. 톨킨 지음 최윤정 옮김
104	호비트의 모험 2 / J.R.R. 톨킨 지음 최윤정 옮김
105	꽃을 먹는 토끼 / 김녹촌 동시선집
106	바닷가 아이들 / 권정생 동화집
107	크리스마스 이야기 / 러스 소여 지음 최선경 옮김
108	파브르 과학 이야기 1 / J.H. 파브르 지음 신일성 옮김
109	파브르 과학 이야기 2 / J.H. 파브르 지음 신일성 옮김
110	악어 클럽 / 막스 폰 데어 그륀 지음 정지창 옮김
111	진달래가 된 소년 / 연변 민간문학 연구회 편
112	하늘에 뜬 돌토끼 / 손동인 동화집
113	서울 아이들 / 윤동재 동시집
114	고구려 이야기 / 민영 지음
115	아버지의 바다 / 김일광 동화집
116	뚱뚱이 안경 / 조한순 동화집
117	왕시깽의 새로운 경험 / 유증하 편역
118	점득이네 / 권정생 소년소설
119	산골 마을 아이들 / 임길택 동화집
120	쥬앙과 대나무 사다리 · 필리핀 민화집 / 연점숙 편역
121	누나와 징검다리 / 장문식 동화집
122	천지 속의 용궁 · 백두산 전설 / 리천록 · 최용관 엮음
123	벙어리 엄마 / 박상규 동화집
124	어린 떠돌이 / 손춘익 소년소설
125	이야기 동학 농민 전쟁 / 송기숙 지음
126	무궁화와 모젤 권총 / 시카타 신 지음 민영 옮김
127	해바라기 피는 계절 / 김명수 동화집
128	한밤중 톰의 정원에서 / 필리파 피어스 지음 햇살과 나무꾼 옮김
129	야구빵 장수 / 교육문예창작회 엮음
130	나비를 잡는 아버지 / 교육문예창작회 엮음
131	누가 호루라기를 불어 줄까 / 이상락 소년소설
132	서유기 1 · 중국 고전 명작 / 김정호 엮음
133	서유기 2 · 중국 고전 명작 / 김정호 엮음
134	서유기 3 · 중국 고전 명작 / 김정호 엮음
135	꿀떡해 버린 꿀떡 / 손춘익 엮음
136	호랑이도 살고 빚쟁이도 살고 / 손춘익 엮음
137	아빠랑 떠나는 컴퓨터 여행 / 유재현 지음
138	마틴 루터 킹 / 권태선 지음
139	빼앗긴 이름 한 글자 / 김은영 동시집
140	신채호 / 유근주 지음
141	아빠, 법이 뭐예요? / 우리누리 지음
142	백제 이야기 / 김유진 지음
143	난쟁이 무크 / W. 하우프 지음 한기상 · 김윤희 옮김
144	감자꽃 / 권태응 동시집
145	타임 캡슐 속의 필통 / 남호섭 동시집
146	너하고 안 놀아 / 현덕 동화집
147	둥지에서 냇물로 / 손춘익 동화집

148	바다로 날아간 까치 / 정호승 동화집
149	말하는 나무 의자와 두 사람의 이야기다 마쯔따니 미요꼬 지음 민영 옮김
150	세상에서 제일 맛있는 짜장면 / 곽재구 동화집
151	곤충 마을에서 생긴 일 / 김정환 글·사진
152	별볼일 없는 4학년 / 주디 블룸 지음 윤여숙 옮김
153	꽃씨 할아버지 우장춘 / 정종목 지음
154	사랑의 학교 1 / E. 데 아미치스 지음 이현경 옮김
155	사랑의 학교 2 / E. 데 아미치스 지음 이현경 옮김
156	사랑의 학교 3 / E. 데 아미치스 지음 이현경 옮김
157	전봇대 아저씨 / 채인선 동화집
	✱ 제1회 '좋은 어린이 책' 원고 공모 창작 부문 대상 수상작
158	고려 이야기 1 / 민영 지음
159	고려 이야기 2 / 민영 지음
160	꽃초롱 별초롱 / 윤복진 동요집
161	하늘로 날아간 집오리 / 이상권 생태 동화집
162	열 평 아이들 / 원유순 장편 동화
163	가끔씩 비 오는 날 / 이가을 동화집
	✱ 제2회 '좋은 어린이 책' 원고 공모 창작 부문 대상 수상작
164	삐노끼오의 모험 1 / 까를로 꼴로디 지음 이현경 옮김
165	삐노끼오의 모험 2 / 까를로 꼴로디 지음 이현경 옮김
166	풀꽃과 친구가 되었어요 / 이상권 생태 동화집
167	너도 알 거야 / 이성자 동시집
168	전염병을 물리친 빠스뙤르 / 서호관 지음
169	톰 쏘여의 모험 1 / 마크 트웨인 지음 장영희 옮김
170	톰 쏘여의 모험 2 / 마크 트웨인 지음 장영희 옮김
171	80일간의 세계 일주 1 / 쥘 베른 지음 김주열 옮김
172	80일간의 세계 일주 2 / 쥘 베른 지음 김주열 옮김
173	달려라 루디 / 우베 팀 지음 김경연 옮김
174	난 뭐든지 할 수 있어 / 아스트리드 린드그렌 지음 강일우 옮김
175	문제아 / 박기범 동화집
	✱ 제3회 '좋은 어린이 책' 원고 공모 창작 부문 공동수상작
176	가만 있어도 웃는 눈 / 이미옥 장편동화
	✱ 제3회 '좋은 어린이 책' 원고 공모 창작 부문 공동수상작
177	샘마을 몽당깨비 / 황선미 장편동화
178	남극의 영웅들 / 장순근 지음
179	햇볕 따뜻한 집 / 조은 장편동화
180	할머니를 따라간 메주 / 오승희 동화집
181	땅에 그리는 무지개 / 손춘익 소년소설
182	음악의 바다, 바흐 / 정종목 지음
183	괭이부리말 아이들 1 / 김중미 소년소설
184	괭이부리말 아이들 2 / 김중미 소년소설
	✱ 제4회 '좋은 어린이 책' 원고 공모 창작 부문 대상 수상작
185	엄지소년 닐스 / 아스트리드 린드그렌 동화집 김라합 옮김
186	파딩 숲의 동물들 1 / 콜린 단 장편동화 최선경 옮김
187	파딩 숲의 동물들 2 / 콜린 단 장편동화 최선경 옮김
188	안녕 휘파람새 / 조임홍 장편동화
189	괴상한 녀석 / 남찬숙 장편동화
190	위대한 영혼, 간디 / 이옥순 지음
	오빠는 사춘기 / 채인선 장편동화
	옛날 사람들은 어떻게 살았을까 / 조은수 글
	✱ 제1회 '좋은 어린이 책' 원고 공모 기획 부문 대상 수상작
	동무 동무 씨동무 / 편해문 글
	✱ 제2회 '좋은 어린이 책' 원고 공모 기획 부문 대상 수상작
	가자 가자 감나무 / 편해문 글
	✱ 제2회 '좋은 어린이 책' 원고 공모 기획 부문 대상 수상작
	어진이의 농장 일기 / 신혜원 그림·글
	✱ 제4회 '좋은 어린이 책' 원고 공모 기획 부문 대상 수상작
	우리 말글 바로 알고 옳게 쓰자 / 정재도·김병규 지음
	야! 가자, 남극으로 / 장순근 지음
	고래는 왜 바다로 갔을까 / 과학아이 글
	신나는 책읽기 1 학교에 간 개돌이 / 김옥 동화집
	신나는 책읽기 2
	그 도마뱀 친구가 뜨개질을 하게 된 사연 / 채인선 동화집
	신나는 책읽기 3 똥이 어디로 갔을까 / 이상권 동화집
	이 세상 첫 이야기 1 삼신 할머니와 아이들 / 정하섭 글
	이 세상 첫 이야기 2 염라대왕을 잡아라 / 정하섭 글
	이 세상 첫 이야기 3 새 하늘을 연 영웅들 / 정하섭 글
	이 세상 첫 이야기 4 아버지를 찾아서 / 정하섭 글